PIERRE GRINGOIRE

Poète Français Vert

HÉRAUT D'ARMES

De Lorraine

1470-1539

PAR

Emile BADEL

NANCY. — IMPRIMERIE A. VOIRIN

1892

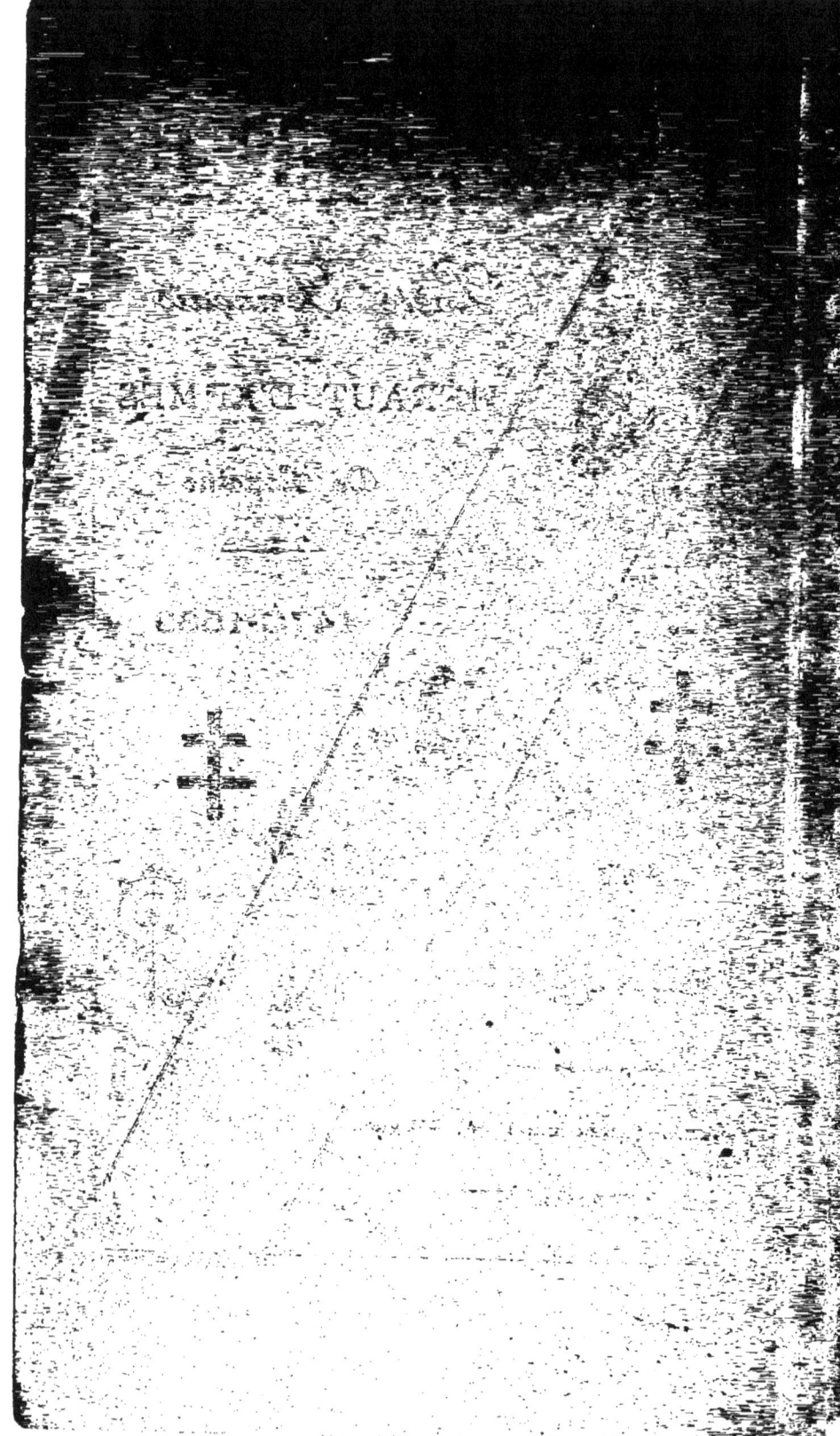

Pierre Gringoire

POÈTE FRANÇAIS, HÉRAUT D'ARMES DE LORRAINE

(1470-1539)

A LA COMÉDIE LORRAINE

CE LIVRE SUR SON VIEIL ANCÊTRE

EST AFFECTUEUSEMENT DÉDIÉ

Nancy, le 30 mai 1892.
EMILE BADEL.

Pierre GRINGOIRE

POÈTE FRANÇAIS

HÉRAUT D'ARMES DU DUC DE LORRAINE

(1470-1539)

Par Emile BADEL

NANCY

IMPRIMERIE ADMINISTRATIVE A. VOIRIN, RUE DE L'ATRIE, 23bis

1892

PRÉFACE

« Ung Dieu, ung Roy, ung foy, ung loy ! »

Il y a quelques années, celui qui écrit ces lignes, visitait en touriste la jolie cité lorraine de Rosières-aux-Salines, toute proche de sa ville natale et célèbre dans les fastes de notre histoire nationale.

Recueillant les documents épars, étudiant les monuments du passé et leurs trop rares inscriptions, il arriva à l'hospice de Rosières, après avoir traversé les villages de Saffais. patrie de François de Neufchâteau (1), et de Ferrières, pays d'origine présumé du poète Pierre Gringoire.

Quels ne furent pas son étonnement et son bonheur de voir, conservé précieusement dans cet établissement hospitalier, un fort beau débris de sculpture du XVIe siècle. un Christ flagellé, un *Dieu de Pitié* — comme on disait en ce temps-là, — portant cette inscription qu'on retrouve si souvent dans les œuvres de Gringoire: « *Ung Dieu, ung Roy, ung foy, ung loy.* »

De là, à rechercher l'origine exacte du poète qui avait tant diverti les Parisiens du début du XVIe siècle et à étudier cette singulière et si pittoresque

---

(1) La *Comédie Lorraine* de Nancy a l'intention de consacrer un jour à Saffais la mémoire de François de Neufchâteau, par une plaque commémorative avec un médaillon en bronze reproduisant les traits du célèbre écrivain lorrain.

figure, il n'y avait qu'un pas. De nombreux artistes lorrains, et d'éminentes personnalités littéraires encouragèrent l'auteur, non seulement à revendiquer, après tant de biographes, Pierre Gringoire, pour un vrai lorrain, mais encore à promouvoir une souscription pour élever un monument public à l'un des plus grands poètes du XVe siècle, immortalisé déjà par le roman historique de Victor Hugo et la pièce si connue de Théodore de Banville (1).

Il se trouva que l'opinion publique se montra très favorable à ce projet. Une jeune société nancéienne, la *Comédie Lorraine*, dont le but est précisément de faire revivre, sous une autre forme, la gaie compagnie des *Enfants Sans-Souci*, résolut de se dévouer à cette œuvre de reconnaissance, à cette glorification de son ancêtre illustre, l'ami de Louis XII, le héraut d'armes du bon duc Antoine de Lorraine.

Une série de soirées littéraires fut donnée dans les bourgades lorraines des bords de la Meurthe, au cours desquelles on raconta sommairement la vie de Grin-

---

(1) Certains esprits ont critiqué cette glorification des grands hommes, par les monuments publics ; ils oublient que c'est d'un bon exemple pour les générations présentes, et que ces honneurs ne datent pas de notre siècle. Sans de tels hommages, nous n'aurions pas les œuvres des grands statuaires de la Grèce et les bustes si célèbres des poètes et des empereurs romains.

N'est-ce pas le puissant critique Sainte-Beuve qui a dit quelque part :

« On peut observer depuis quelque temps par toute la France un fait général et qui est caractéristique de notre époque. Chaque province, chaque cité revient avec un esprit de curiosité et d'émulation sur son passé, sur ses origines, sur ce que son histoire locale a eu de mémorable, et elle s'honore de le consacrer par quelque monument. Et en particulier les hommes remarquables ou illustres, guerriers, prélats, savants, hommes de lettres, qui sont sortis avec éclat de la terre natale, y rentrent à l'état de personnages historiques après des années ou après des siècles, et y obtiennent d'un commun suffrage des bustes, des statues. Il s'élève de toutes parts une sorte de biographie universelle en marbre et en bronze, et qui parle aux yeux. »

goire et l'on représenta l'œuvre si attachante de Théodore de Banville.

Gringoire aura donc son monument, dans la petite ville de Saint-Nicolas de Port, où ses fonctions de héraut d'armes l'appelèrent bien des fois à la suite de son maître, le duc Antoine, — cité fameuse autrefois, qui applaudit, elle aussi, les mystères et les bonnes farces du poète lorrain. Un comité s'est formé ; il renferme des noms illustres à Paris, et d'autres bien connus en Lorraine, dans le monde artistique et savant.

Ce comité a pensé qu'il serait bon de donner au public une notice biographique sur Gringoire, notice simple et populaire, résumant tous les travaux antérieurs sur notre poète et s'adressant surtout au public lorrain qui ne connaît guère de Gringoire que les chapitres à lui consacrés par Victor Hugo dans sa *Notre-Dame de Paris*.

Il fallait pour cela étudier Gringoire et dans ses œuvres et dans tous ses biographes ; il fallait laisser de côté les travaux d'érudition pure et les questions bibliographiques.

L'auteur a donc renvoyé à la fin de son ouvrage les notes et les indications littéraires ; il s'est efforcé de suivre Gringoire dans sa carrière si brillante et parfois si agitée, se prenant d'une vive affection pour cette figure étrange et si complexe, qui a été si bien jugée par Victor Hugo :

« Véritable éclectique, Gringoire était de ces esprits élevés et fermes, modérés et calmes, qui savent toujours se tenir au milieu de tout, et qui sont pleins de raison et de libérale philosophie, tout en faisant état des grands et des puissants du monde. Race précieuse et jamais ininterrompue de philosophes auxquels la sagesse, comme une autre Ariane, semble avoir donné une pelote de fil qu'ils s'en vont dévidant depuis le commencement du monde à travers le labyrinthe des choses humaines. On les retrouve dans tous les temps, toujours les mêmes, c'est-à-dire toujours selon tous les temps... Gringoire, les représente tous au XV⁰ siècle. »

Un dernier motif qui a poussé à la publication de ce livre, c'est l'amour de notre Lorraine, cette petite patrie si chère contenue dans la grande patrie française. Il nous est revenu en souvenance ce vers du poète latin : « *Et pius est patriæ facta referre labor !* »

Faire connaître aux générations qui passent les ancêtres illustres, ceux qui, à un degré quelconque, ont été grands dans les lettres, les sciences, l'héroïsme militaire et religieux, n'est-ce pas là une manière de servir son pays et de faire le bien ? C'est la pensée intime de l'éminent académicien qui a bien voulu accepter la présidence d'honneur du Comité de Gringoire, M. Alfred Mézières :

« Je considère Gringoire comme une de nos gloires nationales, gloire très oubliée ou du moins très mal connue du grand public, aux yeux duquel on l'a travestie. Il n'est que temps de lui rendre un légitime hommage.

M. Pfister, professeur d'histoire à la Faculté des Lettres de Nancy réclame Gringoire pour la Lorraine, et M. Pfister est un érudit fort au courant du passé de cette région. D'après lui, Gringoire serait né au petit village de Ferrières près de la jolie ville de Saint-Nicolas de Port, riche d'une magnifique église gothique et jadis célèbre par des foires dont le souvenir rappelle celles de Nijni-Novgorod. C'est là, sur la place principale, non loin de la Meurthe, que l'on a l'intention d'ériger le buste de Gringoire. S'il n'est pas né dans la contrée, le poète y a longtemps vécu (1),

---

(1) M. Petit de Julleville, le savant professeur de la Faculté des lettres de Paris, a bien voulu nous écrire une lettre de félicitations au cours de laquelle il écrit :

« Je ne suis pas absolument certain que la Lorraine ait été le berceau de Gringoire ; mais elle a été du moins, l'heureux asile de son âge mûr, et, à ce titre, il vous appartient, il appartient à Nancy de rajeunir par un hommage public, la renommée d'un écrivain aujourd'hui trop oublié, et, qui pis est, mal connu. »

après avoir parcouru le monde et fait les délices des Parisiens. Mais aujourd'hui Paris nous absorbe trop. Il faut que l'on vive et que l'on pense davantage en province, et voilà une bonne occasion de stimuler notre population locale. M. Pfister enseigne d'une façon toute particulière l'histoire spéciale de notre chère Lorraine. Il dresse son école devant celle tout opposée des Allemands; ceux-ci s'ingénient vraiment à trouver à la Lorraine des origines germaniques qui sont purement imaginaires. M. Pfister montre au contraire que de tout temps cette province fut française par la race, par les tendances, par le dialecte, par le cœur, et que, au Moyen-Age, elle comprenait et goûtait parfaitement le théâtre de Gringoire dans la bonne langue française où il est écrit. »

Nous ne pouvions mieux terminer que par ces éloquentes paroles, toutes à l'honneur de Gringoire, de la Lorraine et de ses enfants illustres.

Saint-Nicolas de Port, le 5 Décembre 1891

Emile BADEL.

Pierre Gringoire

CHAPITRE Ier

Jeunesse de Gringoire au pays Lorrain

> « *Dulcis Lotharingiæ finibus!* »
> « *C'est un beau pays, ma Lorraine,*
> *Ma Lorraine est un beau pays!* »

EN plein cœur du pays vermois — cette bonne terre lorraine si féconde et si nourricière — derrière une antique chesnaie, que, sans pitié, tous les ans on démembre, un blanc clocher tout neuf pointe vers le ciel gris. Autour, de basses maisons s'entassent comme apeurées, habitations rustiques sans nul étage, avec d'immenses engrangements et parfois sur la chaussée, une gothique arcature, une niche trilobée, une date qui fait songer. C'est Ferrières, l'antique Ferraræ, qui penche un peu vers la vallée de la Moselle, et se coupe en trois portions bien distinctes, la Haute, la Basse et les Baraques.

Du plateau lorrain qui fut jadis le *Pagus Vermensis*, la vue plonge de tous côtés sur les terrains fertiles,

les champs qu'on ensemence, les vergers qui se dépouillent et les vignobles renommés.

Rouge est la terre sur des étendues longues, avec dans les renfoncements, des embruns et des tons violacés ; au loin les coteaux sont d'un violet grisâtre et des taches sombres indiquent les collines d'Argonne et les montagnes de la Vôge. De toutes parts, les élancés clochers lorrains, neufs sur de branlantes églises voûtées, piquent vers l'azur du ciel leur flèche gracile et menue, s'efforçant — selon la naïve expression locale — de vouloir aller toquer les étoiles.

Combien aimés ces blancs clochers du Vermois qui montent — au-dessus des toits rabaissés et petits, — si gracieux et si aériens, et qui rappellent les pyramides granitées de Bretagne et de Normandie.

Rien n'est beau comme cette terre de Lorraine, si douce aux jeunes, si chère aux vieux, dans les mois du renouveau, aux premières fleurs du printemps d'avril. Ils sont loin, les massifs clochers qu'on voit à l'horizon fuyant, dans la morne traversée de Bar-le-Duc à Paris.

Durant des siècles, des lorrains modestes ont vécu au pays vermois, humbles laboureurs, âpres possesseurs de cette terre tant aimée, qui amassaient pour agrandir leur patrimoine, et qui, au jour de leur suprême dormition, faisaient engraver sur la dalle du temple ces mots : *bourgeois et laboureurs*, pour bien exprimer avec armes parlantes, la faucille et le soc de charrue, — leur fière indépendance et leur vaillante roture.

Ils vivaient — heureux plus ou moins — souvent harcelés, toujours aux écoutes des batailles et des querelles entre seigneurs, n'ayant foi qu'en Dieu et en cette terre, la leur, qui chaque année les nourrissait, et mystérieusement les récompensait de leurs quotidiens labeurs.

Des fois, les vieux du temps passé au pays vermois, virent d'étranges choses : une année de 1429, ils se racontèrent l'épopée merveilleuse de la petite Jehanne de Domremy, la fille au Jacques d'Arc, le laboureur lorrain ; plus tard, ils s'en vinrent nombreux au secours du duc René et au 5 janvier 1477, ils purent entendre le cliquetis des armes bourguignonnes et lorraines sur les glaces de l'étang Saint-Jean ; plus tard encore, ils descendirent la côte et vinrent contempler dans sa gloire « la blanche et neuve édifice de l'église Monsieur Saint-Nicolas », bâtie par le prêtre Moycet et achevée après cinquante ans de continuels travaux.

Dans les temps suivants, aux heures de trouble et d'angoisse, dans les multiples invasions de la pauvre Lorraine, ils se disaient les vieux du Vermois : « Ne reverrons-nous plus sortir des Marches du pays, une Jehanne nouvelle ? »

Il n'était plus de guerrière inspirée, mais des gars solides et courageux qui s'en allaient tour à tour, combattre avec leurs ducs, guerroyer pour la France contre ses pires ennemis.

Comme ils avaient vaincu sans bravade ni lâcheté, ils s'en revenaient tranquilles au cher pays lorrain, et comme ils avaient sabré les Anglais et les autres, ils meurtrissaient sans relâche la terre, leur terre à eux, le sol de chez nous.

D'autre horizon, ils n'avaient que celui d'aujourd'hui : au loin, les collines d'entre Moselle et Meurthe, les deux rubans argentés qui serpentaient dans les fécondes vallées, les tours majestueuses du temple national de Saint-Nicolas ; près d'eux, l'humble et vénéré moustier de Saint-Hilaire. et tout au fond, vers la gauche, où dévalait la rivière entre d'escarpées collines, la *vieille Nanci*, la capitale de nos ducs, avec ses remparts, ses bastions, ses clochers pointus et ses tours crénelées

Par derrière les *terres* et les *vins*, c'était la grand' forêt mystérieuse, le repaire des fauves, des malandrins et des camps-volants.

Et c'est encore le même sentiment qui vous prend au cœur en parcourant ces nombreux villages du

Vermois : les mœurs y sont restées simples, les vertus antiques, l'hospitalité vraiment lorraine.

Dans les champs, ce sont les descendants des vieux endormis à l'entour du moustier, qui maintenant jettent leurs envolées fécondantes, leurs semailles d'automne et d'hiver ; c'est la même bonne terre, un peu fatiguée de sa maternité, légère, friable et douce, grasse en des coins arrosés ; ce sont les mêmes paysages grisâtres, les mêmes jupons rayés qui fouillent le sol ou conduisent aux champs les chevaux roux et les grands bœufs de labour.

Aux villages, s'il reste des femmes, c'est encore un salut de bienveillance pour l'étranger qui passe, une même curiosité naïve et pas méchante, et si parfois l'on crayonne une ogive ou l'on inscrit une vieille date, une cordiale invitation à venir *marander* et *casser une croûte*.

C'est de ces gens simples et bons, c'est d'une de ces paysannes lorraines que dut naître un jour Pierre Grignon, qui devait s'appeler dans l'histoire littéraire de la France : Pierre Gringore ou Gringoire (1) le

---

(1) Nous écrivons toujours Gringoire, d'abord parce que c'est le nom exact que prit le poète à son retour en Lorraine, puis parce qu'il a été popularisé par tous les auteurs et les biographes.
On peut dire indifféremment : Grignon, Gringnon, Gringore, Gringoire, Grégoire, Grégoyre, Mèresotte, Vauldémont, car notre poète se trouve désigné de son temps sous ces diverses appellations. On sait combien variait l'orthographe des noms propres au moyen-âge. A ce propos, on lit dans l'*Intermédiaire des chercheurs et des curieux*, du 20 février 1892 : « Pourquoi Gringore au lieu de Gringoire, nom sous lequel ce rimeur et ce comédien, qui amusait par ses satires et ses farces le peuple des Halles, est généralement connu ? Je sais que Brunet, la Biographie Didot, MM Ch. d'Héricault et A. de Montaiglon, éditeurs des *Œuvres complètes* de Gringore, tiennent pour la dernière forme de ce nom. Mais comme preuve contraire, justifiant ma manière de voir, j'opposerai l'acte de mariage du poète, contracté à Saint-Jean en Grève. (Registre des mariages n° 23 — 1515-1621). On y voit les noms de Pierre Gringoire et de Katherine Roger, sa femme, écrits en caractères fort lisibles. »

chef des Enfants Sans-Souci, l'ami du roi Louis XII et le héraut d'armes du duc Antoine de Lorraine.

Le plateau du Vermois appartient tout entier au canton de Saint-Nicolas de Port. De gros villages y sont jetés sans ordre, sur les bords d'un ruisseau, au creux d'un val étroit, en pleine terre, à l'orée d'un bois, ou sur la dégringolade d'un vert côteau.

Ville-en-Vermois se cache dans une rainure de terrains fertiles, et regarde Gérardcourt, hameau sans eau dans un pays tout plat.

Le long d'un clair ruisseau un jour s'est arrêté Lupcourt ; il a dressé là ses vieilles et basses maisons, son castel féodal aux ruines pittoresques, son église élégante et proprette. Entre deux routes, auprès de la forêt, s'allonge Azelot, très vieux, à la tournure gothique, avec un temple ogival aux curieuses inscriptions, avec des enfoncements du XVe siècle et d'intéressants souvenirs.

Plus haut, Burthecourt-aux-Chênes, accroupi autour de son neuf clocher ; Manoncourt solidement assis comme un gros fermier enrichi ; Coyviller qui penche dans un ravin ; Saffais, la tête du plateau, la patrie de François de Neufchâteau ; Saint-Hilaire, aujourd'hui détruit, qui n'a plus conservé que son pélerinage fréquenté ; Cuite-Fève avec son ancienne Commanderie de Malte, Ferrières enfin

Ce village de Ferrières remonte haut dans l'histoire. En 1750, des vignerons du lieu découvrirent d'importants vestiges romains, des médailles, des armes, des colonnes commémoratives et des inscriptions lapidaires. Aux premières années du XIe siècle, des seigneurs régnaient en maîtres à Ferrières ; on a gardé dans Nancy le souvenir d'un certain Odelric de Ferrières, qui fut batailleur comme pas un et devint l'un des fondateurs du prieuré Saint-Thiébaut, sur les bords de la Moselle, au territoire de Méréville

Des moines vinrent à leur tour au XIIe siècle, des pères envoyés de Citeaux, pour coloniser et chanter une *Laus perennis* dans ce pays couvert de forêts.

Mais ils n'y furent pas longtemps. Vidric, abbé de Ferrières en 1160 obtint une magnifique fondation de Mathieu, duc de Lorraine, dans un vallon solitaire, assez près de Nancy, en pleine forêt de Haye, à Clairlieu. La nouvelle abbaye fut célèbre et puissante jusqu'en 1789 ; des presses typographiques y publièrent de rarissimes ouvrages au XVIIe siècle, et des ducs, des duchesses et de nombreux seigneurs lorrains y voulurent dormir en paix après l'avoir comblée de bienfaits.

Il n'est plus rien resté des abbayes de Ferrières et de Clairlieu ; le souvenir même des moines a disparu ; seules quelques chartes poudreuses ont survécu, enfouies dans la poussière des archives.

Etiam perière ruinœ !

Ces chartes rappellent de curieuses donations, des redevances, des acquets et des reprises de terres et de gagnages.

On y voit par exemple en 1204, deux frères, Conon et Lambert, donner au prieuré de Flavigny de l'autre côté de l'eau, sur la Moselle, leur franc-alleu de Ferrières, et en 1310, un bailli de Lorraine, condamner les habitants de ce même Ferrières à porter, chacun an, au prieuré de Flavigny, des poules et des chapons en nombre désigné, pour la table des vénérables et discrètes personnes du lieu. C'était pourtant un riche monastère que ce prieuré bénédictin, qui produisit plus tard des savants remarquables, notamment ce Dom Remi Ceillier, l'un des plus érudits de la phalange bénédictine en Lorraine.

Dès 1320, cette terre est cédée au duc de Lorraine par un Ferry de Germiny, pour cent livres de bons petits tournois. La cure était l'une des plus importantes de l'évêché de Toul. Chose étonnante, elle était à la collation de religieux Minimes établis à Metz, d'après une bulle de Clément VIII datée du 25 juillet 1604. Elle comprenait plusieurs villages : Ferrières haute et basse, Tonnoy, Ville et Coyviller. Le seigneur avait tous les droits de haute, moyenne et basse justice. Le patron du lieu, comme au pays natal de Jeanne d'Arc, était saint Remy, l'apôtre des Francs, resté avec saint Martin et saint Nicolas, en grande vénération chez les populations lorraines.

Tel était le village de Ferrières aux siècles passés, tel il etait à la fin du XVe siècle, au temps des guerres bourguignonnes, à l'époque où Gringoire naquit.

La Lorraine était arrivée à une période décisive de son histoire ; il s'agissait pour elle d'une question de vie ou de mort. Charles II. l'indolent souverain, l'ami trop intime de la belle Alison du May, le duc aimable qui avait reçu Jeanne d'Arc à Nancy. était mort depuis longtemps ; son successeur René Ier d'Anjou. avait eu un règne assez paisible, préférant au climat froid et brumeux de la Lorraine, le soleil de Provence où il tenait cour d'amour et de gay savoir. Aux ducs Jean II (1) (1453-1470) et Nicolas (1470-1473), venait de succéder un jeune et valeureux prince, lié par intérêt au cauteleux roi de France, Louis XI. René II qui devait avoir un nom si glorieux dans l'histoire, était issu de cette puissante maison d'Anjou, qui possédait le Maine, l'Anjou, les duchés de Bar, de Lorraine, la Provence et des prétentions sur le royaume de Naples. Le jeune prince était de cette maison le représentant le plus autorisé ; sa famille avait eu plus d'une fois maille à partir avec Louis XI. dont le but incessant était l'écrasement de la féodalité apanagée, née de l'imprudente générosité des anciens rois de France.

Mais le roi et le duc s'étaient unis par traité devant leur puissant ennemi commun, le fils audacieux de Philippe le Bon, Charles le Téméraire, duc de Bourgogne.

Charles, qui possédait deux groupes importants d'états, au nord : les villes de la Somme et les Pays-

---

(1) Jean, fils et successeur du roi René, mourut à Barcelone, en Espagne. *La chronique de Lorraine* dit que son « cueur fut porté à Angiers, et ses tripailles à Pézenas. »

Bas ; au sud : les deux Bourgognes, la Comté et la Duché, et la Haute-Alsace, voulait annexer la Lorraine pour reconstituer à son profit, des bouches du Rhône à celles du Rhin, l'antique royaume de Lotharingie. Il voulait, en face de la France toujours grandissante, fonder un empire nouveau, qui aurait contrebalancé les destinées du monde, en arrêtant la France et l'empire germanique dans leurs idées de conquête.

Il n'entre pas dans le plan de ce récit de raconter cette lutte étrange, entre Louis XI et le duc de Bourgogne, d'une part, entre René II et ce même Charles, d'autre part.

Tour à tour vainqueur et vaincu, l'astucieux Louis XI au sortir de Péronne, où son rival l'avait fait enfermer, dit la chronique, « au *rasibus* d'une tour, où un comte de Vermandois, avait fait mourir un sien prédécesseur », s'était délié de son serment, avait rejeté le Bourguignon sur Beauvais, qui s'était vaillamment défendue au mémorable assaut de 1472 Repoussé devant Beauvais, par les femmes de Jeanne Hachette, Charles le Téméraire, s'était porté vers l'Allemagne, la Lorraine et la Suisse. Il échoua dans sa tentative pour obtenir de l'empereur le titre de roi. On sait la fin, les défaites successives de Grandson et de Morat, et la mort du duc de Bourgogne sous les murs de Nancy, le 5 janvier 1477.

C'est en ces temps troublés, vers la fin du règne de Nicolas, que dut naître à Ferrières, Pierre Gringoire (1).

La naissance du poète est restée entourée de mystère. On n'a jamais pu fixer d'une manière absolue l'année de cette naissance, les noms des parents du jeune auteur et même le lieu où il vit le jour.

A la suite de la plupart des biographes, je placerai cette naissance vers 1470, à Ferrières, au diocèse de

---

(1) Voir la note I à la fin du livre.

Toul. On cite un premier ouvrage de Gringoire en 1490 ; il faut lui supposer au moins vingt ans. On ne sait absolument rien sur son origine et sa jeunesse, aussi certains auteurs ont-ils pu forger à leur aise des généalogies. La Normandie a même revendiqué notre poète pour un de ses plus illustres enfants, sans autre preuve que l'existence d'une famille Gringore dans les environs de Caen. Mais il est plus que probable que Gringoire était lorrain ; en effet, il n'aurait jamais quitté Paris, le théâtre de sa gloire, pour venir se réfugier dans une province étrangère et, d'autre part, jamais le duc de Lorraine n'aurait confié l'une des charges les plus importantes de son duché à un homme qui ne fut point noble et d'origine locale. Le héraut d'armes qui avait à contrôler toute la noblesse du pays, n'aurait pas été supporté par cette caste si fière de ses prérogatives, s'il était sorti d'une autre nation.

Pierre Grignon naquit à Ferrières ; il se dit lui-même dans ses ouvrages, issu de Ferrières, et c'est l'opinion de son premier biographe, dès l'année 1584.

Quels étaient ses parents ? Là-dessus point de certitude absolue ; les archives de Ferrières n'existent plus et c'est à peine si j'ai pu retrouver les noms de quelques curés du XVIe siècle. Un comte de Vaudémont, semble-t-il, le brave et galant Ferry II, aurait accordé ses faveurs à la mère de Gringoire et l'aurait rendue mère du poète.

C'était sans doute quelque belle et douce paysanne lorraine, dont le puissant seigneur se sera épris dans une de ses chasses le long de la Moselle. Quoi qu'il en soit de ce fait, que Gringoire laisse soupçonner dans un de ses poëmes, le bon Pierre conserva toujours pour sa mère la plus profonde vénération. Il passa ses premières années à Ferrières, bercé par les récits des batailles, par les histoires amoureuses des belles dames de Nancy, les naïves légendes du pays vermois et les miraculeuses délivrances du roi saint

Louis et du sire de Réchicourt, dues à l'intervention du grand saint Nicolas de Lorraine. (1)

A ce moment-là, il y eut à l'église de Ferrières, une fête comme jamais on n'en revit plus dans la suite. Le petit Pierre Grignon ou Gringnon dut être un des témoins de cette cérémonie, et servir à l'autel le vieux prêtre qui l'instruisait des rudiments de cette langue française, qu'il devait un jour perfectionner.

Le duc Nicolas avait un goût extrême pour les plaisirs et les divertissements de tout genre. Il faisait grande chère et se faisait festoyer par les seigneurs lorrains; « il ne désirait que toute joyeuseté, voire joustes de femmelettes. »

Il maria son grand-écuyer d'écurie Maugiron en lui donnant pour épouse la fille de Nicolas de Lénoncourt, l'un des grands chevaux de Lorraine. « En l'église de Ferrières se fit le mariage, et un autre aussi de Jean de Germiny avec une belle damoiselle, fille à messire Ferri de Savigny, bailli de Vosges. Le duc la mena au moustier : moult y eut de seigneurs, dames et damoiselles ; le service fut de grande abondance, maintes quartes d'hypocras on y but, avec toutes aultres réjouissances et esbattemens. »

L'éducation de Gringoire dut être assez négligée, car ses ouvrages n'indiquent pas un esprit très au courant des langues anciennes, du moins pour le grec et les auteurs de la grande latinité. Les écoles épiscopales avaient en partie disparu : l'écolâtre de Saint-Georges, à Nancy, tenait bien une petite école, mais peu florissante et réservée aux nobles enfants de la capitale. Les Jésuites qui devaient s'établir en 1584 à Pont-à-Mousson, où le duc de Lorraine et son cousin avaient érigé une Université, ne vinrent à Saint-Nicolas qu'en 1604 ; et seuls, les Bénédictins de ce prieuré, étaient en état de recevoir des enfants pour les instruire.

---

(1) Le nom de saint Nicolas, patron de la Lorraine, revient souvent dans les œuvres mystiques et dramatiques de Gringoire.

On est absolument réduit à des conjectures sur cette jeunesse de Gringoire passée au pays lorrain.

Pourtant, il n'est pas téméraire de supposer, qu'étant donnée sa naissance, il dut recevoir une instruction plus soignée que la plupart de ses camarades. Soit à Flavigny, soit à Saint-Nicolas, soit même à Nancy, le jeune Grignon dut étudier avec profit et se mettre en rapport avec les hommes distingués qui commençaient à faire de la Lorraine un véritable foyer littéraire et artistique. Nous les retrouverons plus tard, au retour de Gringoire au pays natal : mais on peut saluer dès maintenant ce *garçon* inconnu, qui vint de Paris en 1485 et imprima pour la première fois à Nancy des vers à la louange de René II. Signalons aussi à Saint-Nicolas le grand Simon Moycet, le prêtre libéral et magnifique, qui projetait la construction de notre église gothique, le plus beau temple du pays. — Pierre Jacobi, qui s'y était installé à la fin du XVe siècle et donna, en 1503, le premier monument typographique de la Lorraine. Gringoire dut être en relation avec ces hommes remarquables et si les dernières années du XVe siècle avaient été pour la Lorraine une époque de luttes sanglantes, l'aurore du XVIe siècle allait être pour elle une splendide efflorescence de talents et de chefs-d'œuvre de tous genres.

Gringoire assista sans doute à ces fêtes données à Saint-Nicolas de Port, par René II en 1477, où l'on représenta le mystère célèbre : « *Jeu et feste du glorieux sainct Nicholas* » œuvre d'un tabellion de Nancy, Jacques Berthemin.

La fin du règne de René II fut le beau temps pour les joueurs et compositeurs de mystères, farces et moralités.

En 1474, le jour de caresme prenant, René fit représenter en l'hostellerie ducalle, une belle moralité tirée de l'Écriture sainte. En 1478, il fut diverti copieusement par une farce due à des artistes ambulants qu'on appelait les « Galants Sans-Souci », et qui allaient, de province en province, jouer leurs farces ou *soties*, pièces satiriques qui ne ménageaient personne. En 1487, on fit jouer le *Jeu de Saint-Georges*, en 1496 et 1497, un mystère fut représenté au Palais-Ducal et l'on donna ensuite, durant les fêtes de Pentecôte, le *Jeu et feste Monsieur Sainct-Nicholas* (1).

J'aime à croire que ces exemples influèrent beaucoup sur la vocation de Gringoire et qu'il se décida, lui aussi, à suivre ces troupes de passage, qui venaient divertir la noble maison de Lorraine.

Il s'était, jeune encore, essayé à diverses poésies fugitives, rondeaux, chansons, ballades à Madame la Vierge, aux saints et aux gentes damoiselles de Nancy. Il partit, en quête de la gloire, laissant, plein d'espérance, sa chère Lorraine, qu'il devait revoir un jour et où il devait passer de nombreuses années dans les plus honorables fonctions de la cour brillante du duc Antoine. Nouveau trouvère, il s'en va, portant comme les sages de l'antiquité, tous ses biens avec lui : sa muse badine, sa gaieté de jeune homme, son grand bon sens de lorrain et sa confiance en l'avenir.

Il visite une partie de la France, s'arrêtant dans les villes, les bourgades et les châteaux, accueilli avec joie par ces populations avides de spectacles et de

---

(1 Plus tard encore, nous retrouverons à Saint-Nicolas de Port un mystère curieux, du bénédictin Gody : *Richecourt*, trage-comédie (*sic*), imprimé en 1628 à Saint-Nicolas et représenté par les pensionnaires des Pères bénédictins. Ce mystère tragi-comique rappelle la fameuse délivrance de Cunon de Réchicourt en 1240.

Richecourt a été imprimé pour la première fois à St-Nicolas par Jacob François, à l'Echequin, à la Grand'Rue. Le seul exemplaire connu est à la Bibliothèque de Nancy. M. Beaupré en a donné une réimpression d'après l'original, tirée à 101 exemplaires dont deux à grandes marges. Une représentation de ce mystère, adapté à notre scène contemporaine, avec de nombreuses variantes, a été donnée le 5 décembre 1891, à Saint-Nicolas de Port.

chansons, et composant déjà de petites pièces bouffonnes et satiriques, qu'il jouait lui-même avec un charme incomparable. Heureux Gringoire, heureux jeune homme ! La vie pour lui n'a pas d'épines ; il est bien de cette race gauloise des Enfants Sans-Souci, dont il va bientôt devenir le chef incontesté.

CHAPITRE II

Gringoire à Paris. — Ses premières productions

Fluctuat nec mergitur (1).

Sur sa route, Gringoire trouva Paris. C'était déjà la séduisante cité qui distribuait à ses favoris les honneurs et la gloire, c'était le centre littéraire et artistique du monde entier, la reine admirée du savoir et de la beauté.

Il ne pouvait guère se douter, le jeune lorrain, que cette ville allait bientôt l'exalter au-dessus de tous ses contemporains, qu'elle allait en faire son *homme* indispensable, l'organisateur de toutes ses fêtes, le pamphlétaire virulent et applaudi, l'homme-lige de la royauté pour défendre le pays de France contre ses perfides ennemis.

Louis XI était mort depuis longtemps, et la tristesse qui avait pesé sur la France durant ce règne, avait disparu pour faire place à une franche gaieté. Le temps était loin des Olivier le Daim et des Tristan l'Ermite, et les poètes pouvaient chanter sans crainte, car les cages de fer des La Balue étaient supprimées pour jamais.

Charles VIII, fils un peu insignifiant de Louis XI était mort à son tour le 7 avril 1498, laissant la couronne à son proche parent le duc d'Orléans alors

---

(1) La devise de Saint-Nicolas de Port est « *Fluctuo nec mergor.* » On pourrait faire de curieux rapprochements sur les armoiries et les devises de ces deux cités. Les armes de Saint-Nicolas datent de 1546.

âgé de 36 ans. Ce monarque libéral et sceptique est une figure à part dans la galerie des souverains français. Son aïeul avait été un chevalier fort brillant, son père, un poète qui a laissé un nom dans la littérature, grâce à de délicieuses poésies fugitives. Louis d'Orléans, sans talents transcendants, se distingua surtout par un grand fonds de débonnaireté. Son premier acte de roi fut de maintenir et de confirmer dans leurs charges les hommes qui l'avaient autrefois combattu. « Le roi de France, disait-il, ne venge pas les injures du duc d'Orléans. »

L'histoire de son divorce avec Jeanne de Valois (1), de son mariage politique avec Anne de Bretagne a été un épisode fort curieux de cette époque et un exemple de la condescendance extrême du pape Alexandre VI dans les conflits politico-religieux.

Le règne de Louis XII fut en grande partie rempli par de nouvelles guerres d'Italie qui ne furent pas plus heureuses — quant aux résultats pratiques — que les premières sous Charles VIII.

Ces guerres fournirent à notre Gringoire l'occasion de se montrer pamphlétaire virulent, patriote enthousiaste, défenseur ardent et convaincu des prétentions de la France, ennemi loyal mais acerbe, des Vénitiens et du célèbre pape-soldat, Jules II, nos ennemis politiques d'alors.

---

(1) Louis XII était né à Blois, le 27 juin 1462, de Marie de Clèves, femme de Charles d'Orléans, arrière petite-fille du roi Charles V. Il succéda à Charles VIII, le 7 avril 1498. Il eut trois femmes : Jeanne de France, Anne de Bretagne, veuve de Louis XI et Marie d'Angleterre, sœur de Henri VIII.

Jeanne de France, après son divorce, se retira à Bourges, où elle fonda l'ordre des Annonciades. Elle mourut, le 5 février 1505. Elle est honorée dans l'Église de France sous le titre de sainte Jeanne de Valois. Voir sa vie par M. Maulde-la-Clavière.

Un couvent d'Annonciades s'était établi à Saint Nicolas de Port, le 3 juillet 1626. On conserve encore plusieurs tableaux précieux provenant de ce monastère, transformé aujourd'hui en rectorat des pères du Saint-Rédempteur ou liguoriens. Ce couvent d'Annonciades était dédié à Notre-Dame des Dix Vertus.

C'était le temps des grandes batailles où la *furia francese* fit merveille, l'époque des valeureux capitaines, les La Trimoille, les Bayard, les Claude de Guise, les Gaston de Foix, (ce héros de 22 ans, qui fut général avant d'être soldat), les Bonnivet, les Gonzalve de Cordoue, les Montmorency, les Sforza, les Doria et tant d'autres dont les actions d'éclat se comptent par centaines en ces guerres si honorables pour nos armées, même dans la défaite, même à Pavie et à Biagrasso.

Mais Louis XII se montra aussi bon envers ses sujets que sincère et droit envers ses ennemis ; et en 1506, il reçut des ordres du royaume le nom de Père du peuple. « J'aime mieux, disait le monarque, en parlant des pièces de Gringoire, où il est représenté comme très économe, j'aime mieux voir les courtisans rire de mon avarice que le peuple gémir de mes dépenses. »

C'est dans ces circonstances très favorables que Pierre Gringoire arriva à Paris pour y jouer un rôle à la fois politique et littéraire.

Déjà il avait publié un ouvrage, les *Dits et autorités des sages philosophes*, renfermant soixante-deux maximes morales en vers. Gringoire préludait dans cette production poétique à d'autres travaux philosophiques et satiriques, tous empreints d'une certaine bonhomie qui fait accepter plus facilement de dures vérités et de sévères remontrances.

Cet ouvrage précieux a été imprimé sans date, mais les plus savants bibliographes le font remonter de 1490 à 1495.

En 1499, le jeune poète publie successivement le *Château de Labour* et les *Lettres nouvelles de Milan*. Ce château de Labour est une curieuse allégorie des maux et difficultés qu'endurent les nouveaux mariés. Dans le même ordre d'idées, Gringoire composa la célèbre complainte du *Trop tard marié*. Ce fut un peu son cas, puisqu'il prit femme à Paris, seulement en

1518, à l'église Saint-Jean en Grève (1), comme nous le verrons plus tard.

Les *Lettres nouvelles de Milan* donnent déjà l'idée des futures productions patriotiques de Gringoire. Il met en scène Louis XII partant à la conquête du Milanais (1499-1500) et le fameux Ludovic Sforza qui fut fait prisonnier des Français et conduit à Loches. C'est l'histoire dialoguée de cette campagne extraordinaire dans laquelle le roi de France prit, perdit, reprit le Milanais en moins d'un an. Mais Gringoire allait bientôt trouver à Paris un théâtre digne de sa gloire ; il allait sortir de son isolement et faire partie d'une société célèbre qui attirait à elle tous les esprits supérieurs, les délicats, les excentriques, les jeunes parisiens qui voulaient vivre d'une vie joyeuse et intellectuelle à la fois.

Ces réunions littéraires et artistiques ont de tout temps existé et toujours il s'est trouvé des gens pour les blâmer et les bafouer. Les uns n'y voient qu'un élégant badinage, d'autres une farce grotesque ; on oublie que la vie ne consiste pas dans le boire, le manger et les plaisirs grossiers, et souvent, aujourd'hui comme au temps de Gringoire, on traite ces travailleurs et ces puritains d'êtres insignifiants, incapables, détraqués, nébuleux, ignorant des jouissances, de la fortune et du bonheur commun.

Gringoire n'était pas de ces gens-là qui cherchent en tout leur satisfaction personnelle et font, comme on dit, habilement leur pelote ; c'était une âme enthousiaste, un rêveur, si l'on veut, mais un patriote, un amant des belles et grandes choses, un homme d'esprit et de cœur, et de ceux-là, il n'y en aura jamais trop. Jeune, il courut à la jeunesse ; poète, il se lia avec les artistes du temps, acteur et compositeur,

---

(1) L'église Saint-Jean en Grève (aujourd'hui rue du Martroi), démolie en l'An VIII, datait du règne de Philippe-Auguste. Au temps de Gringoire, les juifs de Paris avaient un petit temple dans la vieille tour du Pet-au-Diable, qui dépendait du cloître de Saint-Jean en Grève.

il alla vers les sociétés libérales ou fantaisistes qui pouvaient le comprendre et l'applaudir.

Il y avait alors à Paris une aimable société de jeunes gens, qui tenaient des réunions nombreuses (nous dirions aujourd'hui un *cercle*), dans une maison de la capitale. Cette société s'était formée au début du règne de Charles VI, pendant l'affreuse guerre de Cent-Ans, par quelques jeunes hommes de bonne famille, qui joignaient à beaucoup d'éducation un grand amour pour les plaisirs.

Ils établirent entre eux, dit un vieil auteur du XVIe siècle, une sorte de société fondée sur les défauts du genre humain, qu'ils appelèrent *Sotise*, et dont l'un d'eux, le chef ou président, prit la qualité de *Prince*. Ce prince des sots était vêtu d'un costume vert et jaune, avec une sorte de capuchon sur la tête et des oreilles d'âne. Chaque année, il faisait son entrée solennelle à Paris, suivi de la foule turbulente de ses sujets. C'était l'un des divertissements les plus goûtés des Parisiens que ce cortège amusant et bouffon.

Les *Sots* tenaient leurs réunions rue Darnetal, dans une vieille maison appelée la *Maison des Sots attendants*. Leur chef avait une loge distinguée à l'Hôtel de Bourgogne, pour y assister aux représentations des pièces de théâtre, et il jouissait du droit de présider aux assemblées qui s'y tenaient et ailleurs par les confrères de la Passion, propriétaires de l'ancien Hôtel de la Comédie.

Il faut lire dans les savants ouvrages de M. Petit de Julleville, l'homme du monde qui sait le mieux son théâtre du moyen-âge, la description de ces représentations populaires, de ces mystères à perte de vue, de ces drames qui attiraient en plein air des milliers de spectateurs.

Mais la fondation des *Sots* était une plaisanterie neuve et piquante. Nos jeunes gens inventèrent, mirent au jour et représentèrent eux-mêmes, sur des échafauds élevés aux Halles et sur les places publiques, des pièces dramatiques, qui portaient le nom de *Soties*. Ce badinage si plaisant fut fort goûté des gens de cour et des Parisiens. Les enfants Sans-Souci devinrent ainsi très à la mode. Charles VI accorda au Prince des Sots des lettres-patentes qui confirmèrent le titre qu'il avait reçu de ses compagnons. Bientôt la guerre civile occasionna du relâchement dans la troupe des enfants Sans-Souci. Les plus prudents se retirèrent, et peu à peu cette aimable société dépérit jusqu'au moment où Louis XII monta sur le trône. Alors elle se reforma plus célèbre et plus florissante que jamais. Ce fut sa période de splendeur, avec, pour représentants les plus illustres, Pierre Gringoire du Pont-Alletz et Clément Marot.

Louis XII en effet n'était pas l'homme dur et méchant qu'avait paru Louis XI. C'était le roi bourgeois, plein de malice, aimant rire aux dépens d'autrui et même aux siens propres, un roi débonnaire, le père du peuple, dont l'unique but était d'agrandir son royaume, de rendre ses sujets heureux et de courir sus aux Italiens.

Il commença par rétablir tous les théâtres, et avec eux les libertés dont ils avaient joui avant Louis XI et Charles VIII. Il permit aux poètes de reprendre dans leurs pièces les vices et les défauts de toutes les personnes de son royaume sans aucune exception, à plus forte raison des ennemis de la France. Il leur accorda spécialement, à ces littérateurs fortunés, le privilège de dresser leur théâtre sur la table de marbre qui existait dans le grande salle du Palais de Justice de Paris, et qui fut brisée dans l'incendie de 1618. Cette table de marbre avait été construite pour servir aux festins somptueux que les rois de France donnaient aux souverains étrangers.

La description que fait Victor Hugo de cette grande salle du Palais, si libéralement octroyée aux enfants Sans-Souci, fera certainement plaisir à nos lecteurs.

« Une double voûte en ogive, lambrissée en sculptures de bois, peinte d'azur, fleurdelisée en or ; sous nos pieds, un pavé alternatif de marbre blanc et noir.

A quelques pas de nous, un énorme pilier, puis un autre, puis un autre, en tout sept piliers dans la longueur de la salle, soutenant au milieu de sa largeur les retombées de la double voûte. Autour des quatre premiers piliers, des boutiques de marchands, tout étincelantes de verre et de clinquants ; autour des trois derniers, des bancs de bois de chêne, usés et polis par le haut-de-chausses des plaideurs et la robe des procureurs. Alentour de la salle, le long de la haute muraille, entre les portes, entre les croisées, entre les piliers, l'interminable rangée des statues de tous les rois de France depuis Pharamond ; les rois fainéants, les bras pendants et les yeux baissés ; les rois vaillants et bataillards, la tête et les mains hardiment levées au ciel.

Puis aux longues fenêtres ogives, des vitraux de mille couleurs ; aux larges issues de la salle, de riches portes finement sculptées ; et le tout, voûtes, piliers, murailles, chambranles, lambris, portes, statues, recouvert du haut en bas d'une splendide enluminure bleu et or, qui avait presque entièrement disparu sous la poussière et les toiles d'araignée en l'an de grâce 1549, où du Breuil l'admirait encore par tradition.

Il reste bien peu de choses aujourd'hui grâce à l'incendie terrible de 1618, grâce surtout aux diverses restaurations successives qui ont achevé ce que le feu avait épargné, il reste bien peu de chose de cette première demeure des rois de France, de ce palais aîné du Louvre, déjà si vieux du temps de Philippe le Bel, qu'on y cherchait les traces des magnifiques bâtiments élevés par le roi Robert et décrits par Helgaldus... Presque tout a disparu. Qu'est devenue la chambre de chancellerie où saint Louis consomma son mariage ? le jardin où il rendait la justice, vêtu d'une cotte de camelot, d'un surcot de tiretaine sans manches, et d'un manteau par-dessus de sandal noir, couché sur des tapis, avec Joinville ? Où est la chambre de l'empereur Sigismond ? celle de Charles IV ? celle de Jean sans Terre ? Où est l'escalier d'où Charles

VI promulgua son édit de grâce? la dalle où Etienne Marcel égorgea, en présence du Dauphin, Robert de Clermont et le maréchal de Champagne ? et la grand' salle, avec sa dorure, son azur, ses ogives, ses statues, ses piliers, son immense voûte toute déchiquetée de sculptures ? et la chambre dorée ? et le lion de pierre qui se tenait à la porte, la tête baissée, la queue entre les jambes, comme les lions du trône de Salomon, dans l'attitude humiliée qui convient à la force devant la justice ? et les belles portes ? et les beaux vitraux ? et les ferrures ciselées qui décourageaient Biscornette ? et les délicates menuiseries de du Hancy ?... Les deux extrémités de la grand'salle du Palais, de ce gigantesque parallélogramme étaient occupées, l'une par la fameuse table de marbre d'un seul morceau, si longue, si large et si épaisse que jamais on ne vit, disent les vieux papiers terriers, *pareille tranche de marbre au monde* ; l'autre, par la chapelle où Louis XI s'était fait sculpter à genoux devant la Vierge, et où il avait fait transporter, sans se soucier de laisser deux niches vides dans la file des statues royales, les statues de Charlemagne et de saint Louis. »

En arrivant à Paris, Pierre Gringoire se fit donc agréger à la célèbre corporation des Enfants Sans-Souci. Il en fut bientôt le chef incontesté, sous le titre de Mère-Sotte, qui était la seconde dignité hiérarchique. Le chef suprême mais purement honorifique, était le Prince des Sots.

C'était Gringoire qui allait être chargé de la direction des représentations théâtrales, une sorte d'administrateur général du théâtre à Paris; c'est lui qui devra organiser ces entrées solennelles des rois, reines et personnages illustres qui se faisaient dans Paris avec un si brillant éclat. Le jeune lorrain ne devait pas être en peine d'arriver à bien faire et à contenter les Parisiens; outre les ressources de son imagination, il avait souvenance des fêtes splendides données à Nancy par les ducs de Lorraine, il avait peut-être vu les funérailles de Charles le Téméraire qui furent comme le prélude de ces cérémonies grandioses qui se succédèrent jusqu'au siècle dernier et que rappelle le vieux dicton français : « Rien au monde n'est si beau que la consécration d'un pape à Rome, le sacre d'un roi de France à Reims, le couronnement d'un empereur germanique à Francfort, et la pompe funèbre d'un duc de Lorraine à Nancy. »

Les Enfants Sans-Souci faisaient en Pierre Grignon une recrue bien précieuse ; leur société battait de l'aile ; les vieux *Galants sans soucy* du siècle précédent auraient eu peine à reconnaître leurs successeurs ; sous le nom de Gringore ou Mère-sotte, notre poète allait les relever, les lancer de nouveau dans l'arène et en faire à la fois des artistes et des champions de toutes les libertés modernes.

Les Sots étaient sous la dépendance du Roy de la Bazoche, et leur chef prenait place aux côtés de ce dernier, au parquet de la justice. Mais ils traitaient d'égal à égal avec les confrères de la Passion. Ces derniers jouaient les mystères de Gringoire, les Sots ne représentaient que les farces, soties et moralités, qui accompagnaient le drame religieux.

Nous verrons plus loin Gringoire auteur et entrepreneur de mystères à Paris. Son rôle devient prépondérant de 1504 à 1512 ; il est quelqu'un, l'oracle des Parisiens, le porte-voix de la royauté, le rimeur officiel de la cour et comme le journaliste politique en vers.

Gringoire habitait, non pas dans la cour des Miracles, comme le montre plaisamment Victor Hugo, mais tout au bout du pont Notre-Dame (1), dans la cité, à l'ombre de ce merveilleux édifice gothique, non loin du Palais, de la sainte Chapelle, au centre même

---

(1) Sauval dit que les maisons du pont Notre-Dame appartenaient à la Ville. Gringoire était donc officiellement logé par la Ville de Paris. Le pont Notre-Dame qui était en bois s'écroula avec ses maisons, le 15 octobre 1499 ; il fut rétabli en pierre en 1507.

du vieux Paris, au milieu de l'agitation et du bruit. Sa vie fut celle de tous les gens de lettres, de tous les hommes en vue, de tous les parisiens absorbés par de multiples occupations. Trouva-t-il le temps d'aimer dans ces années de jeunesse, dans ce foyer de toutes les joies, de tous les caprices, de toutes les abnégations et de tous les héroïsmes. L'histoire ne le dit pas. Il eut sans doute comme tous les ardents, ses jours de violent amour, il eut ses Esméralda, moins rebelles pourtant, il connut le trouble des sens et du cœur, il fut homme, il fut poète aimé ; mais il resta digne, plus amoureux, semble-t-il, de la gloire que des gentes damoiselles dont il ne cesse de médire en ses nombreux ouvrages.

« Les femmes, dit-il, sans mesure parlent souvent, et ne savent ce qu'elles veulent dire ; leur pensée est comme le vent, qui dissipe les feuilles des arbres. Quand elles sont pleines de courroux, ce sont des serpents tapis sous les herbages dont la morsure fait de l'outrage. »

Cette période bruyante et tumultueuse de la vie de Gringoire a été parfaitement comprise par M. Ch. d'Héricault dans son étude sur le poète, placée en tête de l'édition des œuvres complètes. Ce savant critique dit entre autres choses :

« Gringoire occupait à Paris une de ces positions ambiguës où la personne est tout, où le métier ne protège pas l'homme ; une de ces positions un peu compromettantes qui vous laissent facilement tomber dans le mépris de certaines gens, tout en vous réservant une part d'activité qu'on peut développer dans un sens fort honorable, et à l'aide de laquelle, on peut arriver, après maints efforts, à exercer une notable influence.

Au milieu d'une époque qui a le respect inné de la hiérarchie, un tel homme devient respectable par cela seul qu'il est, pour ainsi dire, catalogué, légitimement enregistré dans une position marquée et depuis longtemps existante. Dans les instincts de la bourgeoisie du Moyen-Age, l'idée de classification sociale était puissante, l'idée de corporation, protectrice. »

Gringoire devait être nécessairement en rapports avec toutes les classes de la société parisienne ; aussi dut-il par ses talents et par ses qualités personnelles en imposer aux bons bourgeois rêches et gourmés, aux dames de qualité, à la noblesse de caste, qui apparemment goûtaient peu certaines personnalités turbulentes et licencieuses de la confrérie des Sots.

Gringoire, admis chez les Enfants Sans-Souci, ne fut donc pas le bohème littéraire que l'on croit, le tire-laine fripon et voleur, le gay compagnon aimant humer le piot et boire frais, l'escholier aventureux et redouté des gens paisibles que nous a montré Victor Hugo par une licence permise aux romanciers.

Il ne faut donc pas chercher dans ses poèmes des descriptions naturalistes, des passages d'une gauloiserie répréhensible et des mots d'une absolue licence. A ce point de vue, Gringoire en remontrerait aux plus fameux prédicateurs des XVe et XVIe siècles (1), qui s'autorisaient de l'extrême liberté du langage pour dire sans se gêner des crudités inouïes à leur auditoire. Ainsi donc, qu'on ne vienne pas de parti-pris accuser Gringoire d'avoir écrit des poésies grivoises et malsaines.

Gringoire est avant tout un observateur malin, un réaliste parfois, un philosophe plein de gravité et un satirique très fin qui promène son fouet sur certaines épaules avec une rudesse toute lorraine, sans ménagements, mais sans injures grossières.

Le voilà donc entré dans cette corporation célèbre

---

(1) Il faut lire dans les œuvres du célèbre P. Olivier Maillard, jusqu'où pouvaient aller ces libertés de langage. Les éditions *princeps* du P. Lejeune, et des prédicateurs de la Ligue ne sont pas des plus édifiantes au point de vue de la décence et même du bon goût : Est-ce à dire qu'il faille incriminer ces orateurs ? Nullement, c'était le grand genre de l'époque.

des Enfants Sans-Souci (1). Il y rencontra des personnages déjà illustres dans les lettres ou qui allaient le devenir, entre autres, Jean du Pont-Alletz, son inséparable, auteur et acteur, Simon Bougouin, valet de chambre de Louis XII, auteur d'une curieuse moralité : *l'homme juste et l'homme mondain*, Clément Marot surtout, qu'il dirigea dans la carrière littéraire et qui joua souvent des rôles importants dans les moralités de Gringoire.

Clément Marot était né en 1495 ; il vint tout jeune encore à Paris et se lia avec Gringoire et sa troupe. En 1512, âgé de 17 ans, il dédiait à ses compagnons de plaisir cette ballade véritable programme des Enfants Sans-Souci.

> Qui sont ceux-là, qui ont si grand'envie
> Dedans leur cœur et triste marisson,
> Dont ce pendant que nous sommes en vie
> De Maître Ennuy n'écoutons la leçon ?
> Ils ont grand tort, vu qu'en bonne façon
> Nous consommons notre florissant âge,
> Sauter, danser, chanter à l'avantage,
> Faux envieux, est-ce chose qui blesse ?
> Nenni pour vrai, mais toute gentillesse,
> Et gai vouloir, qui nous tient en ses lacs.
> Ne blâmez point doncque notre jeunesse,
> *Car noble cœur ne cherche que soulas.*

---

(1) Sur cette période bien connue de la vie de Gringoire, on peut consulter avec fruit Liron, Nicéron, La Croix du Maine et du Verdier. La *Bibliothèque* de la Croix du Maine dit en particulier : « Pierre Grignon, Grignon, Gringore, Gringoire, Gringoyre, Grégoire, Mère-Sotte dit Vaudémont, hérault d'armes de M. le Duc de Lorraine, poète français et orateur, for estimé de son temps. Corneille de Beughem fait mention de ses poésies françoises imprimées in-8° avant l'an 1501.

Il était bon poète pour son tems, et son stile a plus de netteté que celuy de ses contemporains. Il avait pris pour devise : « Tout par raison, raison par tout, par tout raison. » Il a fait un grand nombre de pièces de théâtre dans le goût de son siècle, mais toutes n'ont pas été imprimées. Ses ouvrages sont moraux et sa versification claire. Sa principale occupation était d'être compositeur, historien, facteur de mistères ou comédies, dans lesquelles il jouait un personnage. » *La Croix du Maine, 1584.*

Nous sommes drus, chacun ne nous suit mye :
De froid souci ne sentons le frisson :
Mais de quoy sert une tête endormie ?
Autant qu'un bœuf dormant près d'un buisson.
Languards piquant plus fort que hérisson,
Ou plus reclus qu'un vieux corbeau en cage,
Jamais d'autrui ne tiennent bon langage ;
Toujours s'en vont songeant quelque finesse :
Mais entre nous, nous vivons sans tristesse,
Sans mal penser, plus aises que prélats,
Sans dire mal : c'est doncque grand'simplesse,
Car noble cœur ne cherche que soulas.

Bon cœur, bon corps, bonne physionomie,
Boire matin, fuir noise et tanson, (*dispute*)
Dessus le soir, pour l'amour de sa mie
Devant son huis la petite chanson.
Trancher du brave et du mauvais garçon ;
Aller de nuit, sans faire aucun outrage ;
Se retirer : voilà le tripotage :
Le lendemain recommencer la presse.
Conclusion, nous demandons liesse ;
De la tenir jamais ne fûmes las,
Et maintenons que cela est noblesse,
Car noble cœur ne cherche que soulas.

Envoy

Prince d'Amours, à qui devons hommage
Certainement c'est un fort grand dommage,
Que nous n'avons en ce monde largesse
Des grands trésors de Junon la Déesse,
Pour Vénus suivre ; et que Dame Pallas
Nous vint après réjouir en vieillesse,
Car noble cœur ne cherche que soulas.

Cet élégant badinage montre bien ce qu'était cette charmante société de jeunes parisiens, dont les premiers dignitaires étaient des personnages importants dans la cité.

A cette période de la vie de Gringoire, se rattachent diverses productions ; *Les Faintises du Monde qui règne*, vers 1500, les *Abus du monde*, dont le privilège est du 10 octobre 1504, avec une dédicace du poète au roi Louis XII ; l'*Entreprise de Venise*, 1509, la *Chasse du cerf des cerfs*, 1510, la *Coqueluche*, 1510, les *Folles Entreprises*, 1505, l'*Espoir de Paix*, 1510, l'*Obstination des Suisses*, 1510, enfin son chef-d'œuvre dramatique, le *Jeu du Prince des Sots et de la Mère Sotte*, 1511.

Nous n'avons pas l'intention d'analyser toutes ces pièces ; dans les chapitres suivants, nous étudierons rapidement quelques-unes de ces œuvres dramatiques, satiriques et mystiques ; disons seulement quelques mots de la *Coqueluche*, de l'*Espoir de paix* et des *Faintises du monde*.

La *Coqueluche*, composée par Pierre Gringoire dit Mère Sotte, est un plaisant monologue par strophes de huit vers. Elle parut en 1510, à propos d'une épidémie de grippe qui vint assaillir les parisiens, et qui rappelle beaucoup par ses effets notre récente *influenza*. « Aux mois de février et de mars, il se leva un vent merveilleux, puant et tout plein de froidure. Plus de cent mille personnes de Paris furent mis en tel état qu'ils perdirent le boire, le manger, le dormir, et et avaient très forte fièvre deux ou trois fois le jour... et durait bien, sans cesser, trois semaines au plus. »

Gringoire personnifie la coqueluche qui raconte à tous ses méfaits :

>Je suis venue à Paris tout en hâte
>Pour assaillir forts, faibles, grands, petits,
>Et n'y a nul qui contre moi débatte
>Que pour un peu de temps je ne l'abatte.
>A plusieurs fais perdre les appétits ;
>Les vieux, les jeunes, les niais, les subtils
>J'assujetis, et les mets à raison :
>Toutes choses ont leur temps et saison.

La coqueluche énumère ensuite les diverses classes de la société attaquées par elle ;

>Les uns en sont dépits, les autres doux :
>Impossible est qu'on sut complaire à tous.
>Je viens vers eux sans règle et sans compas.
>Tel vient souvent qu'on ne demande pas.

La maladie suit son cours, elle tombe sur les jeunes, les riches, les vieux, les pauvres, les femmes, les avares, les dépiteux, les gourmands, les débauchés, les envieux, les pouilleux, les médecins, etc. Mais voici le remède :

> De faim, frayeur, femme, froid et de fruit
> Se faut garder, tant que le chaud dure ;
> Trop prendre peine, le corps d'homme détruit ;
> La coqueluche bien souvent s'en ensuit,
> Qui ne s'en va sans jeter force ordure,
> Il faut boire, pour rafraîchir l'ardure,
> Du vin qui soit avec eau tempéré :
> En tous ses faits faut être modéré.

> Gens qui êtes de ce mal trébuchés,
> Ne trottez point, ne bougez d'une place ;
> Soyez heureux d'être encoqueluchés ;
> Compagnie, pour passer temps, huchez ;
> Au temps qui court est requis qu'on se fasse ;
> Fuyez des dames le train, l'amour, la grâce ;
> Car par ce point tout homme se confond :
> Tisons prochains souvent grand'flamme font.

Ce monologue qui rappelle certaines scènes du *Malade imaginaire* et du *Médecin malgré lui*, se compose de 240 vers. L'auteur l'a signé par huit vers en acrostiches. A la fin de l'édition, il est dit par ordonnance de justice que nul ne pourra imprimer ce traité, ni le vendre avant un mois, à l'exception de ceux à qui Pierre Gringore, son acteur et compositeur, les baillera et distribuera.

L'*Espoir de Paix*, est déjà une satire contre les défauts de Julien de la Rovère ; mais les attaques de Gringoire contre ce pape-soldat sont des plus bénignes. Ce pamphlet de 360 vers est très remarquable par ses traits ingénieux, ses aperçus historiques sur la papauté, ses formules variées et ses curieuses théories sur les relations de la France avec l'Eglise romaine au XVIe siècle. Gringoire le dédia à Louis XII : « ce traitté est intitulé l'*Espoir de paix*, et y sont déclarés plusieurs gestes et faitz d'aucuns papes de Romme, lequel traité est à l'honneur du treschrétien Loys, douziesme de ce nom, roy de France. Compillé par maistre Pierre Gringore. »

Les *Faintises du monde qui règne*, sont une agréable satire de toutes les fourberies humaines ; ces *faintises* toujours existantes, se composent de 106 strophes de huit vers chacune, et forment un tableau complet de tous les mensonges débités par les gens pour paraître et pour plaire. Cette manie de sotte vanité est de tous les âges et de tous les pays.

J'ai trouvé un exemplaire des *Faintises du monde* dans la bibliothèque d'un amateur lorrain, M. Beaupré, dont les remarquables travaux sur les origines de l'imprimerie en Lorraine sont connus et appréciés de tous. Cet exemplaire est incomplet ; il y manque le titre et le privilège, mais il porte une signature gothique manuscrite d'un ancien propriétaire de 1540 : « *C'est à Mirgué de Barisey.* »

Les *Faintises* ont eu l'honneur d'une élégante réimpression à Douai, en 1841, accompagnée d'une courte et savante notice par M. Gratet-Duplessis.

Voici quelques extraits pris au hasard dans les *Faintises* :

> Beau frère, si Dieu vous donne joie,
> Afin que vous soyez prudent,
> Quand si souvent allez par voie,
> Pour éviter maint accident
> Ce petit livre vous envoie ;
> Lisez-le quand vous aurez loisir,
> Puis avant que je vous revoie,
> Vous m'en direz votre plaisir.
> Le monde n'est pas tel qu'il semble,
> Les hommes sont feints et divers,
> L'un à l'autre point ne ressemble.
> Tel dit souvent qu'il a dîné,
> Qui a encore à déjeuner ;
> Tel chante qui n'est pas joyeux,
> Tel rit qui n'est pas à son aise,
> Tel semble bien gentil, bien coint
> Qui est galeux sous sa chemise,

Tel est pour leste bien en point,
Qui l'hiver sentira la bise,
Tel veut avoir nom de prélat,
Qui n'en veut pas prendre la peine.
Tel a premier la main au plat,
Qui ne la lava de semaine.
Tel cuide avoir jeune cheval,
Qui achète une vieille rosse,
Tel va bien souvent à confesse,
Qui ne s'amende pas pourtant.
Tel a des poux en son pourpoint,
Qui veut sa dame entretenir.

CHAPITRE III

Gringoire poète satirique et dramatique

> Tout par raison,
> Raison partout
> Partout raison !

AVANT de suivre Gringoire en Italie, à la suite des armées françaises et de le retrouver en Lorraine à la cour du duc Antoine, il faut nécessairement étudier le poète sous ses différents aspects, satirique et auteur dramatique d'abord, l'idole des Parisiens, puis auteur et entrepreneur de mystères et enfin poète mystique et dévot.

Il y a dans ces trois périodes de la vie de Gringoire une grande analogie avec l'histoire de Corneille. Ce sont d'abord les mêmes tâtonnements dans divers genres de poésie, puis c'est la période de gloire au théâtre, et c'est la même vieillesse sage et rangée, pendant laquelle Gringoire traduit les livres liturgiques et Corneille les *Psaumes* et l'*Imitation.*

A l'heure où Gringoire se fit connaître à Paris d'abord par ses farces bouffonnes, ses mystères pathétiques et ses satires malicieuses, il n'y avait en France ni journaux, ni Parlement, ni réunions publiques. Pour arriver au peuple qui ne savait pas lire, il fallait des représentations populaires, des poètes dramatiques pour dire bien haut l'opinion du temps et saisir la foule ignorante des intérêts du pays.

En favorisant la comédie politique, la farce et la sotie, Louis XII savait bien ce qu'il faisait ; tout d'abord il s'attachait les poètes, faisait entrer le théâtre dans sa politique, et se servait de la scène pour agir sur l'opinion et la diriger conformément à ses idées : « Je veux qu'on joue en liberté, disait-il, et que les jeunes gens déclarent les abus qu'on fait en ma Cour, puisque les autres qui sont les sages, n'en veulent rien dire. »

Gringoire et les Enfants Sans-Souci devaient être ces jeunes patriotes et philosophes qui allaient déclarer la guerre par la plume et par le théâtre à tous les abus intérieurs et aux ennemis de l'extérieur.

Aussi, dit M. d'Héricault, les vingt premières années du XVIe siècle sont remplies par Gringoire et sa troupe, dont l'influence a été immense non seulement à Paris, mais dans la France entière. Gringoire peut être regardé comme le représentant le plus intelligent de la bourgeoisie moyenne et libérale de Paris, comme un écho fidèle de toutes ses pensées, le directeur de ses idées politiques.

Gringoire, est après Villon, le plus grand poète de la fin du moyen-âge. C'est un esprit d'une autre trempe, d'une nature supérieure, plus vaste et plus profond, plus varié, plus réfléchi surtout, mais moins limpide, moins personnel, moins énergique.

Villon écrit pour lui, tandis que Gringoire écrit pour les autres : il veut prouver et instruire ; il a l'ambition de la gloire et le désir de plaire ; il travaille, se soumet à l'opinion publique et s'en préoccupe toujours. S'il ne fût pas venu à une époque de transition, il eut été l'un de nos plus grands poètes ; mais attiré par les deux instincts de son génie, la fantaisie et la réflexion, vers deux écoles contraires, il oscille vers l'école savante, qui alléchait la gravité de sa pensée, et presque toujours il obéit à l'école des trouvères, où l'entraînaient les plus puissantes de ses facultés, l'amour de la réalité, la finesse d'observation, sa verve et sa vivacité. Il a ainsi produit un grand nombre d'ouvrages, comme s'il espérait trouver enfin en travaillant, le genre qui devait résumer toutes ses qualités. Il indique des facultés supérieures, mais hostiles les unes aux autres. Tantôt admirablement concis, ailleurs richement abondant, Gringoire aurait dû, en mélangeant ces deux rares qualités, rencontrer un style puissant et entraînant ; tandis qu'il n'est que diffus souvent.

Ici, vif et plein de verve, là grave et réfléchi ; il analyse finement, il résume largement, mais il est aussi trop concis parfois et il s'endort en de longues descriptions. Malgré ces défauts inhérents à son époque, Gringoire reste un grand écrivain. Rarement jusqu'à lui la langue française était arrivée à cette ampleur et à cette persistante vivacité. Sa concision sort de la claire vue de sa pensée, sa verve résulte de l'énergie de son idée : toutes ses qualités sont de haute race intellectuelle.

Il commença par la satire des *Folles Entreprises*. Ce très long poème de 140 pages est consacré par l'auteur à l'étude de toutes les entreprises humaines faites par quelque folie d'esprit ; on assiste aux entreprises des orgueilleux, des conquérants, des convoiteux, des nobles et des vilains, des trésoriers, des prélats, des chevaliers, etc. Dans tout cela, sont enchâssés des rondeaux, des ballades, des monologues, des aphorismes et des conseils pratiques. Il n'y a ni suite, ni ordre quelconque, c'est une causerie poétique à bâtons rompus sur toutes sortes de sujets.

Du reste, Gringoire prend le soin d'expliquer à ses lecteurs que c'est un assemblage incohérent de préceptes de morale, de politique et de causeries familières ; il y a environ 3,000 vers jetés sans aucun plan sur le papier, écrits avec beaucoup de facilité au fur et à mesure qu'une idée quelconque venait à l'auteur.

Mais à côté de ce défaut primordial de conception, il y a des beautés de premier ordre, de virulents pamphlets, des ballades délicieuses, une singulière propriété des termes, des images hardies, d'une invention originale et inattendue, une éloquence vigoureuse et substantielle, une indignation grave et sévère. Quel naturel par exemple, et quelle justesse dans la description de *Procès et sa figure*, quel éclat dans son *Chant royal*, ses ballades des miséricords et des pacifiques, quel coloris et quel charme dans ses considérations sur les vertus de foi, charité et dévotion, quel art surtout de varier ses peintures et ses expressions dans un sujet si ardu et si uniforme. Enfin, quel langage élégant et clair encore aujourd'hui. Son talent n'a rien perdu de sa vigueur, son imagination a conservé toute sa grâce et sa versification toute son élégance.

Les *Folles Entreprises*, parurent à Paris en 1505, chez Pierre le Dru, et eurent de nombreuses éditions rapidement enlevées.

Du reste, tous les ouvrages de Gringoire étaient lus avec une grande avidité; les éditions se succédaient sans interruption et non seulement à Paris, mais à Rouen, à Lyon, en Angleterre, les libraires firent fortune avec ces publications poétiques.

Dans une sorte de prologue, Gringoire raconte comment il a été amené à composer cet ouvrage :

> Je m'entremis de faire et composer
> Ce traité-ci, que je laisse à gloser
> A tous lecteurs, car, sans difficulté,
> Je n'ai degré en quelque faculté.

Suivent alors les diverses entreprises des orgueilleux, Lucifer, leur prince, Goliath, Aman, Pharaon, Nabuchodonosor, Icare, Phaéton, etc., celles des conquérants, des convoiteux, des nobles et des vilains, des trésoriers et payeurs de gens d'armes. C'est à la fin des folles entreprises des trésoriers que Gringoire entonne son chant royal, dont toutes les strophes se terminent par le vers célèbre :

> *Ung Dieu, ung Roy, ung foy, ung loy.*

L'ouvrage se continue par des considérations morales sur les vertus des princes, la justice, où l'on voit la pittoresque description de Procès et sa figure, et les ballades des miséricords et de justice, avec ce beau vers :

> Que Justice est des saints cieux procédée.

Je ne puis résister au plaisir de donner en leur entier ces ballades de notre poète. Elles montreront, mieux que toute analyse, les nobles sentiments de l'auteur et sa manière d'écrire.

Ballade touchant justice

O justiciers, qui ministrez justice,
Pas n'est requis d'être faibles ni frêles
Quand vous devez corriger la malice
Des vicieux pleins de toutes cautèles,
Ni être aussi trop ingrats ou rebelles ;
Pitié y doit avoir quelque regard :
Vous êtes ceux à qui est demandée
Par les humains, et connaissez par art,
Que Justice est des saints cieux procédée.

Sous vos manteaux doit reposer police
Comme au temple reposaient les pucelles ;
Car vous avez par les princes office
De répandre partout ses étincelles.
Répandez-les sur tous ceux et sur celles
Qui par larcin, tromperie et barat (*fraude*)
L'ont chassée hors, pillée et gourmandée,
Car vous savez, corrigeant tout état
Que Justice est des saints cieux procédée.

N'est si ferré, comme on dit, qui ne glisse,
Ni si sages qui n'aient sottes cervelles,
Ni très subtil qui ne fasse un tour nyce, (*sot*)
Ni si justes qui n'aient fausses querelles,
Mais faut jeter d'avec soi choses telles
S'il est possible, et plus tôt que plus tard,
Ou de vos cœurs vertu est décédée,
Remémorant en public et à part
Que Justice est des saints cieux procédée.

Prince, sachez qui justice départ
Peine éternelle lui sera évadée
Car ce n'est point menterie ou broquart
Que Justice est des saints cieux procédée.

Ballade des Miséricords

Considérez que gens vindicatifs
Qui ne veulent les fautes pardonner
Sont du péché les enfants nutritifs
Et Dieu ne veut de leur cas ordonner.
Tout homme humain se doit abandonner
A pardonner si on lui crie merci
Où jà son cœur ne sera éclairci
Quelque prière que par devers Dieu fasse ;
Qui pardonne mérite d'avoir grâce ;
Qui aime amour vit en tous bons accords ;
Et ses méfaits par tel mérite efface,
Car Dieu bénit tous les miséricords.

Les aucuns sont ingrats et déceptifs
Qui ne veulent aucun pardon donner
Et commettent plusieurs maux excessifs
Dont il ne font souvent cloches sonner.
Tels gens on voit de leurs sens bestourner.
Ils s'éloignent de Dieu faisant ainsi ;
Dieu est juste, d'eux il s'éloigne aussi.
Ainsi l'ingrat ingratitude trace,
Fallacieux est trompé par fallace,
Et les haineux sont nourris en discords.
Pardonnons donc pour voir Christ face à face,
Car Dieu bénit tous les miséricords.

Ne soyez point de biens mondains actifs
Qui font âmes en enfer séjourner.
De se venger ne faut être hâtifs,
Mais délinquants à merci ramener ;
Les obstinés du mal faut détourner,
Leur remontrant la peine et le souci.
Que corps pécheur, après qu'il est transi
Fait à l'âme, que le diable menace
De jour en jour par subtile fallace ;
Humains voudraient être de ses consorts ;
En pardonnant sa puissance se casse,
Car Dieu bénit tous les miséricords.

Prince, pardon est de grande efficace
Les pardonnants ont aux saints cieux audace,
Pardon cure les âmes et les corps.
De pardonner n'est requis qu'on se lasse,
Car Dieu bénit tous les miséricords..

D'autres ballades sur la vérité, la paix et la Vierge Marie terminent cette seconde partie des *Folles entreprises*.

La troisième partie des *Folles entreprises* est consacrée tout entière aux prélats et gens d'église et ne comprend pas moins de trente-six chapitres. L'auteur y parle des diverses espèces de pasteurs, des ambitieux, des simoniaques, des cupides et des faux dévots :

> Pasteurs, entrez désormais par la porte,
> Ne cherchez plus la voie ou sente oblique,
> Soyez humbles, afin que Dieu supporte
> Vos simples ouailles quand le serpent les pique.

Plus loin les faux pasteurs sont comparés aux loups, qui se vêtent des toisons et laines des brebiettes et simples agneaux doux. Suit l'entreprise de réformer l'Hôtel-Dieu de Paris :

> On doit médiciner les maux
> Des pauvres malades infirmes.

A ce propos, en guise d'exemple, Gringoire raconte d'après Ysopet, « l'histoire d'une lisse qui voulait *chaaler*, n'ayant aucun logis ni biens, et si avait plein son ventre de chiens. »

Il y a un bon petit chapitre très sensé et très fin sur les bigottes, ces femmes qui « veulent savoir ce que fit Dieu, où c'est qu'il alla, et ses hauts faits, etc. » Gringoire leur donne une leçon qui reviendra constamment dans ses ouvrages satiriques : « Les femmes doivent avoir une propriété que je veux ici révéler : c'est parler, pleurer et filer. » Viennent, un dialogue amusant entre dévotion et papelardise, une ballade baladant, avec ce vers répété : *Mais est-ce pas folle entreprise !* — un petit drame philosophique entre la Richesse, la Dévotion, la Foy, la Charité et les Hérésies, qui se tient très bien et semble former un hors-d'œuvre mûri à loisir.

Toute cette partie des *Folles entreprises* (1) est certainement la meilleure de l'ouvrage ; malheureusement, Gringoire y déploie une érudition fatigante, des citations continuelles de textes de l'ancien Testament, qui prouvent qu'il connaissait les livres sacrés à fond. Peut-être s'adressant au clergé de l'époque, voulait-il se replier derrière l'autorité de la Bible dans ses remontrances ?

Les trois pages qui terminent l'ouvrage sont comme la Somme de tous les abus, c'est le *laudator temporis acti* qui rappelle le bon temps d'autrefois :

> Jeunesse veut remontrer à vieillesse,
> Anes blâment vieux clercs prudents, lettrés ;
> Jeunes juges s'élèvent en hautesse,
> Vieux moines sont des jeunes chapitrés,
> Jeunes enfants sont crossés et mitrés (2),
> Nouveaux hérauts veulent blasonner armes ;
> Dits d'anciens ne sont enregistrés
> Pour faire assauts et commencer l'alarme.

> Des vieux docteurs on laisse la pratique ;
> On se raille des vieux musiciens ;
> On méprise toute vieille physique,
> On déchasse vieux géométriens ;
> On désire jeunes grammairiens,
> Conseillers on ne veut écouter.

---

(1) Un critique éminent dont les beaux ouvrages sur l'Université de Nancy et les travaux littéraires sont unanimement appréciés, nous disait à propos de cet ouvrage de Gringoire : « Il semble qu'on n'ait pas compris jusqu'à ce jour le rôle bien exact de notre poète. On a voulu en faire un prédécesseur de Corneille et de Racine, alors qu'on devrait plutôt le rattacher aux grands moralistes qu'il a devancés, La Bruyère, Vauvenargues et La Rochefoucauld. L'étude des poètes du moyen-âge considérés comme moralistes et analystes du cœur humain et de ses éternelles *feintises*, serait des plus intéressantes à faire. »

(2) Gringoire fait sans doute allusion ici au prince de Lorraine, Jean, fils de René II, né le 9 avril 1498, nommé coadjuteur de Metz à l'âge de quatre ans, et simultanément évêque de Metz à l'âge de sept ans et demi, coadjuteur de Toul en 1517, cardinal de S. Onuphre en 1518, évêque de Thérouanne en 1518, archevêque de Narbonne en 1520, évêque de Verdun en

— 47 —

Nous nous sommes étendu peut-être trop longuement sur les *Folles Entreprises* ; (1) mais l'importance de cet ouvrage le demandait. Nous dirons peu de chose sur l'*Entreprise de Venise*, la *Chasse du Cerf des Cerfs* et l'*Obstination des Suisses*, pour arriver bientôt au chef-d'œuvre de Gringoire, le *Jeu du Prince des Sots*.

L'*Entreprise de Venise* est un opuscule de 264 vers, destiné à prouver au peuple français que la république de Venise, alors en lutte ouverte contre Louis XII, n'était qu'un état fondé sur le vol, la rapine, les accroissements injustes, un ramassis de gens sans aveu et sans foi, une cité perfide qui enlevait à tous les pays d'Italie leurs plus beaux fleurons et leurs meilleurs bastions.

> Riche cité, située et assise,
> Dessus la mer qu'on dit adriatique,
> Qui par ton nom es appelée Venise,
> Terres d'autrui as eues par voie oblique,
> Dois redouter vengeance déifique.
> Rendez, rendez à catholique Eglise,
> Le don donné par le preux roi de France,
> Ou vous serez de bien tôt en souffrance.
> G rands et petits, faites à Dieu prière,
> R évéremment pour le pieux roi de France ;
> I maginez que d'amour singulière,
> N ourrit en paix son peuple sans souffrance.
> G entils français, vivez en assurance ;
> O ncques n'eustes l'honneur que vous aurez,
> R appelez-vous, si l'on ne rompt l'alliance,
> E n Venise fleurs de lys planterez.

1523, de Luçon en 1524, archevêque de Valence et de Reims en 1533, de Lyon et d'Alby en 1536, évêque de Mâcon, Die, Nantes et Agen, abbé de nombreuses abbayes et légat du Saint-Siège en Lorraine.

Outre les sièges épiscopaux dont il avait l'administration en France, ce prince de la maison lorraine avait donc la haute main sur les Trois-Evêchés de Metz, Toul et Verdun. C'était là un acte de grande habileté de la part des ducs de Lorraine, qui eurent souvent maille à partir avec les évêques, seigneurs temporels de ces enclaves puissantes.

(1) Un magnifique exemplaire des *Folles entreprises*, relié en

La *Chasse du cerf des cerfs* est comme l'*Entreprise de Venise*, un pamphlet politique contre nos ennemis d'alors, les Italiens, ayant à leur tête le pape Jules II. C'est près de Corbeil, à Soisy-sous-Etiolles, que Gringoire composa cette satire ingénieuse, inspirée à coup sûr, sinon commandée par le roi de France. Il avait été invité à venir passer la belle saison au château de Soisy, par son propriétaire Germain de Ganay, évêque de Cahors, auquel le poète dédia son opuscule. Il faut bien, dans ce pamphlet politique, distinguer les motifs qui firent agir Gringoire. Il ne s'agit nullement d'une attaque contre le pape, souverain spirituel de la catholicité, mais uniquement d'une satire allégorique tirée de la chasse, contre Jules II, ce bouillant soldat qui montait lui-même à l'assaut et se servait plutôt du glaive que de la croix. Il ne s'agissait que d'une question politique et la religion ne fut pas plus mise en scène dans le *Jeu du Prince des Sots* que dans la moralité du *Nouveau Monde*. Voilà la fameuse pièce qui a créé tant d'ennemis à Gringoire, malgré sa constante orthodoxie. On n'a pas voulu distinguer le pape de Julien de la Rovère, le vicaire du Christ du batailleur acharné, le souverain pontife de l'ennemi de la France, ligué avec les Suisses et les Vénitiens pour repousser par les armes nos troupes victorieuses.

Sous un titre piquant, qui est un jeu de mots sur la formule consacrée *servus servorum Dei*, Gringoire fait en 160 vers le procès du pape qui a quitté la tiare pour ceindre l'épée et chausser les éperons. Jules II était certainement dans son droit de défendre ses états contre les prétentions des français ; son patriotisme était fort respectable ; mais nos troupes enflammées par la victoire, luttaient elles aussi, pour le

---

maroquin à compartiments et à fermoirs, avait été donné par le roi Henri II à Diane de Poitiers. Ce livre passa successivement en diverses bibliothèques ; vers 1860 il appartenait à un fervent bibliophile, M. Cigogne.

triomphe de la patrie, et Gringoire était aussi convaincu de notre bon droit que le pape et ses alliés de leurs justes agressions.

Voilà pourquoi il ne faut pas s'étonner de voir Gringoire, le poète chrétien qui plus tard accablera les hérétiques et défendra l'Église, poursuivre de ses traits acerbes le cerf des cerfs. On ne pensait pas comme de nos jours au XVIe siècle ; le principe des nationalités n'était pas encore consacré, et les français ne pouvaient admettre qu'un prince temporel ambitieux comme l'était Julien de la Rovère, voulût reprendre au roi de France, des possessions qu'il revendiquait et par droit de naissance et par droit de conquête. (1)

Dans la *Chasse du cerf des cerfs*, Gringoire nous montre Jules II et ses alliés, poursuivis mollement par les francs-veneurs et quittant la forêt après avoir simulé la maladie, puis tenant la campagne, menacés enfin de se voir chassés par une assemblée en la saison nouvelle.

Voici quelques vers de ce pamphlet, si discuté :

    . . . . Le cerf des cerfs,
Comme un sanglier s'échauffant contre l'homme,
Et à frapper du pied prenait déduit ;
Tant âpre était que, de jour et de nuit,
Il ne prenait aucun repos ni somme,
De son dit pied les gens frappe, et assomme
Chevaux et chiens : le *pied qu'on dut baiser*,
Veut de force et de rigueur user.
Mais les veneurs français, à bref vous dire,
Vous l'ont remis bien souvent au buisson :
Bon écolier doit savoir sa leçon.
G ubernateur et pilier de l'église,
R évéremment par devant vous m'adresse ;
I e connais bien qu'êtes plein de franchise,
N oble de cœur et vivant sans reprise,
G lorifiant de Jésus la hautesse ;
O r suis-je serf à votre noblesse,
R uralement ai-je parlé de chasse,
E n espérant d'acquérir votre grâce.

---

(1) Il faut lire du reste les *Mémoires*, les Lettres et les ouvra-

4

Cette année 1510 qui fut l'une des plus fécondes de notre poète, vit encore paraître une petite pièce politique de 134 vers, l'*Obstination des Suisses*, sorte de manifeste tendant à expliquer l'histoire de la querelle survenue entre les Suisses et Louis XII. Il est à remarquer en effet, que cette admirable nation fut constamment à la solde de la France. On sait que le duc de Lorraine René II, n'eut pas de meilleurs alliés durant sa lutte avec Charles le Téméraire. C'est grâce à cet appoint considérable qu'il put l'emporter sur son terrible adversaire. Jusqu'à la ruine de la monarchie française, les Suisses furent les dévoués défenseurs de la royauté, et cette légère obstination de 1510 à 1516 ne fut qu'un malentendu regrettable, par suite de nos démêlés avec l'Italie.

Comme toujours, Gringoire attaque de front cette triple alliance, cette ligue de Jules II avec les Suisses et les Vénitiens :

> . . . . On a dit,
> Que les Suisses sont fiers et orgueilleux,
> Au temps présent je n'y mets contredit,
> Car j'aperçois que par fait et par dit,
> Plus que jamais ils se montrent outrageux,
> G rosses têtes, sans sens, lourds et labiles,
> R obustes, faux, variants, très mobiles,
> I ndiscrets, fols, par argent subvertis.
> N espérez pas que par vous, serfs serviles,
> G ens, qui sont francs, voulez assujettis ;
> O rgueil conduit larrons mal avertis,
> R aison ils n'aiment, à discorde ont refuge :
> E n la fin Dieu punit : c'est le vrai juge.

Gringoire était depuis plusieurs années célèbre : il

---

ges de cette époque, pour bien se rendre compte de l'animosité des Français contre la Triple Alliance du Pape, des Suisses et des Vénitiens. On consultera avec fruit les *Lettres* de Louis XII et du cardinal Georges d'Amboise, son premier ministre, les *actes* du pseudo-concile de Pise, les *Chroniques* de Jean d'Auton, et la *Vie de Louis XII*, écrite par Claude de Seyssel évêque de Marseille.

était l'ordonnateur attitré des entrées solennelles des grands personnages ; poète badin ou moraliste caustique, il tenait son rang à la cour du roi Louis XII ; pamphlétaire politique, son nom était connu partout, et de l'autre côté des Alpes on redoutait cette plume incisive qui cinglait comme un fouet.

Adoré des Parisiens, très avides de spectacles populaires, ses farces et ses mystères l'avaient mis en évidence, son titre de Mère Sotte lui donnait de nombreuses prérogatives ; il était, en un mot, l'homme de Paris le plus en vue, le plus aimé et le plus redouté tout à la fois. Cette gloire ne suffisait pas encore à Gringoire, il voulut un triomphe populaire pareil à celui des anciens poètes que la Grèce et l'Asie acclamaient et couronnaient de fleurs.

Ce fut le 23 février de l'année 1512 (1) que Gringoire fut à l'apogée de cette gloire, jour du mardi-gras où fut représenté aux Halles de Paris son chef-d'œuvre et le chef-d'œuvre de l'art dramatique au moyen-âge : *le jeu du prince des Sots et Mère Sotte.*

Les Halles de Paris au XVIe siècle occupaient une partie de l'emplacement actuel des halles centrales, tout près de la grande église Saint-Eustache, non loin du célèbre charnier des Innocents, où Villon allait se récréer avec ses amis en jouant aux quilles avec des tibias et des crânes humains. A ce charnier s'adjoignait une église, bien connue de tous les auteurs qui ont écrit sur le vieux Paris et sur l'empla-

---

(1) D'après l'*Art de vérifier les dates* et le *Trésor de Chronologie*, Pâques tombait en 1511 le 20 avril, et en 1512 le 11 avril. Or l'année 1511 commençait le 20 avril et se terminait le 11 avril suivant. Donc le mardi gras 1511 est bien, suivant notre manière de compter les années, à partir du 1er janvier, le 23 février 1512, — 1512 en ce temps-là, ne commençait qu'à Pâques, 11 avril.

Ce ne fut qu'en 1563, qu'un édit de Charles IX fit commencer l'année au 1er janvier. D'où l'on voit souvent dans les historiens, de nombreuses divergences de dates, à cause de cette chronologie pascale.

cement de laquelle s'élève la monumentale fontaine des Innocents. Au temps de Gringoire, les Halles étaient le rendez-vous de tous les Parisiens ; on s'attroupait autour des piliers, qui remontaient à Louis-le-Gros, on allait voir en se gaussant les criminels enfermés au pilori, tour octogone dressée au milieu des Halles, où durant trois jours de marché étaient exposés les patients ; des fois, on y venait assister aux exécutions capitales, et l'on pouvait voir encore sur un pilier des traces du sang qui avait jailli lors de la récente exécution de Jacques d'Armagnac, duc de Nemours, en août 1477.

A côté, les dévots allaient se recommander aux *recluses* des Innocents, malheureuses femmes emmurées pour toute leur vie dans une étroite cellule, avec une faible lucarne grillagée pour le passage des aliments ; d'autres allaient assister au charnier des Innocents à la *Danse macabre*, pendant que les jeunes préféraient la représentation plus gaie des farces et des moralités des Enfants Sans Souci.

Ce fut une grande fête dans tout Paris, quand, à la tête de la corporation des Sots, vêtus de costumes bariolés et fantaisistes, Pierre Gringoire parcourut toute la cité, s'arrêtant aux places et aux carrefours pour annoncer « qu'au prochain mardi-gras le Prince des sots jouerait ses Jeux aux Halles, en présence de notre sire le Roy ».

De tous les coins de la grande ville on accourut pour asssister à ce *Jeu*, nouvellement composé et mis en œuvre par maître Pierre Gringoire, l'auteur favori des Parisiens.

Les Halles de saint Louis furent trop étroites ce jour-là et la foule dut déborder dans les rues des Potiers d'Etain, aux Chats, aux Fers, aux Poirées, de la Friperie et de la Charronnerie.

Les jours précédents, avec la plus grande solennité, les *Sots* avaient parcouru la ville sur des chars, suivis de musiques bruyantes, affublés de leurs costumes de théâtre, et annonçant par ce *cry* célèbre leur représentation :

> Sots lunatiques, sots étourdis, sots sages,
> Sots de villes, de châteaux, de villages,
> Sots rassotés, sots niais, sots subtils,
> Sots amoureux, sots privés, sots sauvages,
> Sots vieux, nouveaux, et sots de tous les âges,
> Sots barbares, étranges et gentils,
> Sots raisonnables, sots pervers, sots rétifs,
> Votre Prince, sans nulles intervalles,
> Le mardi-gras jouera ses Jeux aux Halles.
>
> Sottes dames et sottes damoiselles,
> Sottes vieilles, sottes jeunes, nouvelles,
> Toutes sottes aimant le masculin,
> Sottes hardies, couardes, laides, belles,
> Sottes frisques, sottes douces, rebelles,
> Sottes qui veulent avoir leur picotin,
> Sottes trottantes sur pavé, sur chemin,
> Sottes rouges, maigres, grasses et pâles,
> Le mardi-gras jouera le Prince aux Halles.
>
> Sots ivrognes, aimant les bons lopins,
> Sots qui crachent au matin jacopins,
> Sots qui aiment jeux, tavernes, ébats ;
> Tous sots jaloux, sots gardant les patins,
> Sots qui chassent jour et nuit aux lapins,
> Sots qui aiment à fréquenter le bas,
> Sots qui faites aux dames les choux gras ;
> Advenez-y, sots lavés et sots sales ;
> Le mardi-gras jouera le Prince aux Halles.
>
> Mère Sotte semond toutes les sottes,
> N'y faillez pas à y venir, bigottes ;
> Car en secret faites de bonnes chères ;
> Sottes gaies, délicates, mignottes,
> Sottes douces qui rebrassez vos cottes,
> Sottes qui êtes aux hommes familières,
> Sottes nourrices et sottes chambrières,
> Faut vous montrer douces et cordiales
> Le mardi-gras jouera le Prince aux Halles.
>
> Fait et donné, buvant vin à pleins pots,
> En raccordant la naturelle gamme,
> Par le Prince des sots et ses suppôts ;
> Ainsi signé d'un pet de prude femme.

Cette célèbre et irrespectueuse convocation, le modèle du genre, attira tout Paris aux Halles, ce jour de mardi-gras 1511. Le succès de Gringoire, des acteurs, de la pièce fut prodigieux. Le 23 février 1512 fut à la fois le jour du triomphe du grand poète, de la confrérie des Enfants Sans-Souci, et de la politique française du libéral et débonnaire Louis XII.

Gringoire ne craignit pas de prendre un rôle important dans sa composition dramatique, il joua le personnage de Mère Sotte, avec un tel aplomb et un tel enthousiasme, qu'il garda par la suite ce surnom de Mère Sotte que la foule lui décerna, non comme un injurieux sobriquet, mais comme souvenir de l'accueil populaire qui lui fut fait.

Par une bizarre coïncidence, ce nom de Mèresotte était bien connu en Lorraine; plusieurs villages du pays avaient des habitants de ce nom, et sans doute que Gringoire aura eu plus tard des relations avec un certain Thiéry Mèresotte, de Raucourt.

L'ensemble de cette représentation théâtrale du mardi-gras, le Cry, la Sotie, la Moralité et la Farce, constitue une pièce incomparable, la plus remarquable que nous ait laissée le Moyen-Age, et l'un des plus curieux et des plus intéressants monuments de la langue et du théâtre français.

Il nous faut donner quelques développements sur ce *Jeu* célèbre qui eut par la suite de nombreuses imitations, et dont la *Farce* a même été traduite en notre siècle en patois de la Saintonge.

Le *Jeu du Prince des Sots et de la Mère Sotte* (1) est divisé en quatre parties : 1° le *Cry* que nous avons

---

(1) M. Beaupré, le bibliophile nancéien bien connu, possède un exemplaire manuscrit du *Jeu du Prince des Sots*, qu'il a bien voulu me communiquer. C'est un petit volume de parchemin, relié en maroquin rouge, doré au petit fer. L'écriture est en caractères gothiques, avec les abbréviations et signes typographiques du XVIe siècle. Ce manuscrit est l'œuvre de Fyot. Il porte au titre la célèbre vignette qui est reproduite au frontispice de ce livre.

donné, et qui servait de réclame et de boniment, la partie la plus soignée et la plus alerte de l'œuvre.

Sous une apparence triviale et quelque peu grotesque, ce cry est rempli de finesse et ne s'adressait nullement aux simples badauds ; — 2° la *Sotie*, morceau de longue haleine, spécialement réservée à la corporation des Sots ; — 3° la *Moralité*, plus sérieuse et plus philosophique ; — 4° la *Farce*, mélange de gros rires, d'allégories champêtres et de sous-entendus croustillants.

Ce *Jeu* ainsi composé est à la fois une pièce d'un comique achevé et une vigoureuse satire politique. Tous les abus sont attaqués, toutes les conditions y figurent, et le roi lui-même n'a pas échappé au ridicule. Cette comédie est, comme toutes les productions de Gringoire, foncièrement hostile aux femmes ; c'était du reste, à cette époque, une réaction contre l'esprit chevaleresque et poétique qui avait prévalu aux siècles précédents.

La farce ne vaut pas celle de *Maître Pathelin*, qu'on a longtemps attribuée à Gringoire ; mais au point de vue du style, de la conduite de l'intrigue, elle est le modèle du genre. Il est regrettable que le fond de la pièce soit si pauvre ; un autre sujet l'aurait conservée à la scène française. Mais Gringoire n'y voyait qu'un *Jeu*, une grasse plaisanterie pour le divertissement du populaire. En cela, il a parfaitement réussi.

Beaucoup de farces du XVI° siècle sont plus grossières et plus gauloises ; elles mettent en relief avec une crudité d'expressions incroyable les vices, les ridicules et les travers de la vie sociale ou privée.

Mais sous le masque de la satire ou sous les grelots de la Folie, Gringoire est un admirable philosophe, un moralisateur qui fait la leçon aux puissants d'alors, un ingénieux poète qui sait agréablement jouer sur les mots et cache sous de gracieuses images ses sévères enseignements

M. Larroumet, dans son étude critique (1) des

---

(1) *Revue des Deux-Mondes*, 15 décembre 1891.

ouvrages de son aimable collègue M. Petit de Julleville, se défend vivement d'être médiéviste et ne veut admirer que la Renaissance. Pourtant nous le surprenons en flagrant délit, quand il étudie et dissèque avec le talent qu'on sait les farces du XVIe siècle : « Ce qui manque, dit-il, dans les vers de la plupart des farces du Moyen-Age, c'est la poésie, c'est-à-dire une grâce ou une force supérieures à celles de la prose, une fantaisie plus libre, une raison plus élevée, un choix de mots plus expressifs. Jamais on n'écrivit autant de vers qu'au Moyen-Age, et jamais il n'y eut moins de poètes. Un des seuls en faveur de qui l'on pourrait faire une exception, c'est Pierre Gringoire. » Nous sommes heureux de cette constatation, qui nous montre Gringoire venant en bonne ligne après ces poètes délicats Villon, Ch. d'Orléans, Marot et Marguerite de Valois, récemment étudiés avec tant de charme et d'autorité par M. Krantz, doyen de la Faculté des Lettres de Nancy.

La Sotie et la Moralité ne devaient guère être comprises que des esprits cultivés. La *Sotie* est une espèce de drame qui, aux XVe et XVIe siècles, fit seule en France la satire des mœurs. La sotie répondait à la comédie grecque, non qu'elle fut directement une satire personnelle, mais elle attaquait les abus dans toutes les conditions. Aussi est-ce avec raison, que plusieurs biographes ont appelé notre Gringoire, un vrai disciple d'Aristophane. Il est moins piquant que le comique grec, mais il a toute sa finesse, sa malice, et son talent d'observateur.

La satire, dit M. Lenient, avait trouvé au XVe siècle sur le théâtre, le champ le plus populaire et le moyen d'expression le plus complet, pour répandre ses malices et ses leçons. A l'abri du capuchon de la Mère-Sotte, elle put un moment tout oser.

Gringoire faisait monter sur les trétaux des Halles toutes les classes de la société et tous les ordres de l'Etat.

M. de Julleville donne, lui aussi, une exacte définition de la sotie.

C'est une pièce jouée par des sots. Dans le langage du théâtre au Moyen-Age, le monde était composé de fous, et la folie de ces fous est faite surtout de vanité et de sottise.

L'acteur qui, pour mieux figurer la folie humaine, revêtait le costume traditionnel, la robe mi-partie de jaune et de vert, et le chaperon aux longues oreilles, prenait, en même temps, le nom de *fol* ou *sot*.

Dans la *Sotie* de Gringoire, les deux premiers dignitaires de la corporation, le Prince des Sots et la Mère Sotte ont les deux rôles principaux, les autres sont partagés entre les meilleurs artistes de la troupe.

Voici l'analyse de ces trois pièces, la *Sotie*, la *Moralité* et la *Farce*:

La *Sotie*. — Elle est à 18 personnages. La scène représente une place publique. Le Prince des Sots, Louis XII, doit y venir tenir sa cour. On réveille le seigneur de Pont-Alletz pour qu'il reçoive les principaux sujets du Prince, personnages destinés à symboliser les diverses nuances de la sottise humaine et les principaux dignitaires de la cour de France. Arrivent successivement le prince de Nates, le seigneur de Joie, le général d'Enfance, le seigneur du Plat, le seigneur de la Lune, l'abbé de Frevaulx et l'abbé de Plate Bourse.

Puis arrive le Prince accompagné du seigneur de Gaîté.

Le prince, après les avoir assurés de sa bienveillance, leur fait à tous des questions sur leur situation dans le monde.

A ce moment, survient Sotte commune, le peuple français ; et les trois sots qui représentent le chœur, la bourgeoisie et l'opinion publique accueillent chaleureusement la nouvelle arrivée. S'ensuivent les doléances de la pauvre Sotte commune, interrompues par Mère-Sotte (Gringoire lui-même) en grand costume, représentant Jules II. Elle attire habilement à elle prélats et seigneurs, et se confie à Sotte occasion et à Sotte fiance qui lui jurent obéissance et fidélité. Mère-Sotte et ses acolythes prêchent la résistance au Prince ; les uns résistent, les autres sont séduits. De là, bataille en règle sur la scène, qui se termine par la confusion de Mère-Sotte, à laquelle on enlève ses habits de fantaisie pour ne lui laisser que son habituel vêtement de Mère-Sotte.

A l'ouverture de la pièce, les trois sots populaires causent entre eux et devisent des affaires politiques :

Premier Sot.	C'est trop joué de passe-passe,
Deuxième Sot.	Tout chacun à son profit tend,
Troisième Sot.	Espagnols tendent leurs filets,
Premier Sot.	Mais que font Anglais à Calais ?
Deuxième Sot.	Le plus sage rien n'y entend.
Troisième Sot.	Le Prince des Sots ne prétend
	Que donner paix à ses supports.

Arrive le seigneur du Pont-Alletz :

> Il ne faut point me réveiller :
> Je fais le guet de toutes parts,
> Sur Espagnols et sur Lombards
> Qui ont mis leurs timbres follets.
> Garde me donne des Allemands ;
> Je vois ce que font les Flamands
> Et les Anglais dedans Calais.

Tous les seigneurs s'assemblent et annoncent l'arrivée du Prince :

Le seigneur de la lune.	Le Prince des Sots, ses états
	Veut tenir, je m'y en vais rendre.
Le général d'Enfance.	Quoi ! vous voulez faire vos ébats
	Sans moi ! Je suis de l'alliance !
Un Sot.	Approchez, général d'Enfance,
	Apaisé serez d'un hochet.
Le Général	Hon, hon, men men, pa pa tetet,
	Du lo lo, au cheval fondu.
Un Sot.	Par Dieu, voilà bien répondu
	En enfant.

Un Sot.	Descendez tôt, tôt,
	Vous aurez un morceau de rôt,
	Ou une belle pomme cuite.
	Le Prince, devant qu'il n'anuite,
	Se rendra ici, général.
Le Général.	Je m'en y vais. Ça, mon cheval,
	Mon moulinet, ma hallebarde ;
	Il n'est pas raison que je tarde.
Plate Bourse.	Je viens d'enluminer mon nez
	Non pas de ces vins vers nouveaux.
Un Sot.	Ça, ça, Plate Bourse et Frevaulx
	Venez avec la seigneurie ;
	Car je crois, par sainte Marie,
	Qu'il y aura compagnie grosse.
Frevaulx.	Je m'y en vais avec ma crosse
	Et porterai ma chape exquise
	Aussi chaude que vent de bise
Le seigneur du Plat.	Mot, mot, le voici, (*le Prince*) ou il vient,
	Prenez bon courage, mes hôtes.
Le Prince (*saluant*).	Honneur ! Dieu gard les sots et sottes !
	Benedicite ! que j'en vois.
Le Seigneur de Gaité.	Ils sont par troupeaux et par bottes !
Le Prince.	Honneur ! Dieu gard les sots et sottes !
Le Seigneur.	Arrière bigots et bigottes,
	Nous n'en voulons point, par ma foi !
Le Prince.	Honneur ! Dieu gard les sots et sottes !
	Benedicite ! que j'en vois !
	J'ai toujours Gaité avec moi,
	Comme mon cher fils très aimé.

Le Prince alors tient sa cour, les seigneurs et les sots racontent leur histoire.

Frevaulx.	Me voilà ;
	Par devant vous veux comparaitre.
	J'ai dépendu, notez cela,
	Et mangé par ci et par là
	Tout le revenu de mon cloitre.
Le Prince.	Vos moines ?
Frevaulx.	Et ils doivent être
	Par les champs pour se pourchasser.
	Bien souvent quand pensent repaitre,
	Ils ne savent les dents où mettre,
	Et sans souper s'en vont coucher.

Arrive en gémissant le peuple de France sous les traits de *Sotte Commune* :

	Par Dieu, je ne m'en tairai pas !
	Je vois que chacun se ruine !
	On décrie florins et ducats,
	J'en parlerai, car ça répugne.
LE PRINCE.	Qui parle ?
GAITÉ.	La Sotte commune.
LA COMMUNE.	Et que ai-je à faire de la guerre,
	Ni que à la chaire de saint Pierre
	Soit assis un fol ou un sage ?
	Que m'en chaut quand l'Église erre,
	Mais que paix soit en cette terre !
	Jamais il ne vint bien d'outrage.
	Je suis assuré au village ;
	Quand je veux je soupe et déjeune.
LE PRINCE.	Qui parle ?
PREMIER SOT.	La Sotte commune.
LA COMMUNE.	Tant d'allées et tant de venues,
	Tant d'entreprises inconnues !
	Appointements rompus, cassés !
	Trahisons secrettes et connues !
	Mourir de fièvres continues !
	Breuvages et boissons brassez !
	Blancs-seings en secret passez !
	Faire feu, et puis voir rancune !
LE PRINCE.	Qui parle ?
LA COMMUNE.	La Sotte commune.
	Regardez-moi bien hardiment.
	Je parle sans savoir comment,
	A cela suis accoutumée ;
	Mais à parler réellement,
	Ainsi qu'on dit communément,
	Jamais ne fut feu sans fumée ;
	D'aucuns ont la guerre enflammée,
	Qui doivent redouter fortune.
LE PRINCE.	Qui parle ?
LA SOTTE.	La Sotte commune.
LE PREMIER SOT.	La Sotte commune, approchez.
LE DEUXIÈME SOT.	Qu'y a-t-il ? Qu'est-ce que vous cher-[chez ?

La Commune.	Par mon âme, je n'en sais rien. Je vois les plus grands empêchés, Et les autres se sont cachés. Dieu veuille que tout vienne à bien ! Chacun n'a pas ce qui est sien, D'affaires d'autrui on se mêle.
Le troisième Sot.	Toujours la commune grommelle.
Le premier Sot.	Commune, de quoi parles-tu ?
Le deuxième Sot.	Le Prince est rempli de vertu.
Le troisième Sot.	Tu n'as ni guerre ni bataille.
Le premier Sot.	L'orgueil des sots est abattu.
Le deuxième Sot.	Il a selon le droit combattu.
Le troisième Sot.	Mêmement a mis au bas tailles.
Le premier Sot.	Te vient-on rober tes poulailles ?
Le deuxième Sot.	Tu es en paix dans ta maison.
Le troisième Sot.	Justice te prête l'oreille.
Le premier Sot.	Tu as des biens tant que merveille Dont tu peux faire garnison.
Le deuxième Sot.	Je ne sais pour quelle raison A grommeler on te conseille.
La Commune (*chante*).	Faute d'argent, c'est douleur non pa- [reille.

Survient enfin la Mère-Sotte qui veut gourmander le Prince des Sots (Louis XII). Elle est accompagnée de *Sotte fiance* et de *Sotte occasion*.

Les seigneurs et les prélats discutent longuement ; enfin Mère-Sotte annonce qu'il faut la suivre, car.

Je suis la Mère Sainte Eglise

et qu'il faut renoncer au roy de France.

Ce n'est pas l'avis des seigneurs et de la Sotte commune.

Premier Seigneur.	Vous ferez ce qu'il vous plaira ; Mais nul de nous ne se feindra Sa foy, je le dis franc et net.
Deuxième Seigneur.	Le Prince nous gouvernera.
Le Général.	Je porterai mon moulinet, S'il convient que nous bataillons, Pour combattre les papillons.
Le premier seigneur.	Notre Mère devient gendarme.
La Mère Sotte.	Prélats, debout ! Alarme ! Alarme ! Abandonnez église, autel ! Chacun de vous se tienne ferme !

La Sotte commune.	Bourgeois, laboureurs et marchands
	Auront bien terrible fortune.
Le Prince.	Que veux-tu dire, la Commune?
La Commune.	Afin que le vrai en devise,
	Les marchands et gens de métier
	N'ont plus rien, tout va à l'Eglise.
	Tous les jours mon bien s'amenuise,
	Point n'eusse de cela métier.
Un Sot.	Tu parles d'un tas de fatras.
	Dont tu n'es requise ni priée.
La Commune.	Mon oie avait deux doigts de gras
	Que je pensais vendre aux jours gras,
	Mais, par Dieu, on l'a décriée.
	Et je m'en trouve bien outragée,
	Mais je n'en ose dire mot.
	Nonobstant qu'elle soit vendangée,
	Je crois qu'elle ne sera mangée
	Sans qu'on boive de ce vinot.
Premier Sot.	Tu dis toujours quelque mot sot.
Deuxième Sot.	Elle a assez accoutumé.
La Commune.	Je dis tout, ne me chaut si on m'ouït,
	Enfin je paye toujours l'écot.
	J'en ai le cerveau tout fumé !
	Le diable ait part au coq plumé !
	Mon oie en a perdu son bruit !
	Le feu si chaud a allumé,
	Après que le pot a écumé,
	Il en eut la sueur de nuit.
Conclusion.	Afin que chacun le cas note,
	Ce n'est pas Mère sainte Eglise
	Qui nous fait guerre, sans feintise ;
	Ce n'est que notre Mère Sotte.

On voit, par ces divers extraits, quel rôle ingrat s'était réservé Gringoire. Il personnifiait ce pontife belliqueux, l'allié des Vénitiens, l'ennemi juré de la France et de Louis XII. Il fallait donc un prodigieux talent, non seulement pour se faire supporter par la populace, mais encore pour être applaudi par cette foule gouailleuse et enthousiaste. Les doléances de Sotte commune, représentant le peuple, devaient être acceptées avec beaucoup de faveur par les Parisiens, hostiles à tous les conflits, et ne demandant en somme que paix et tranquillité.

Cette célèbre *Sotie* déplut à plusieurs seigneurs de la cour, qui se trouvaient bafoués plaisamment; ils s'en plaignirent au roi, qui ne fit qu'en rire et les tourna en ridicule.

« Le théâtre, leur dit-il, n'est redoutable qu'à ceux dont la conduite est peu réglée; vous n'avez qu'à vous gouverner sagement, alors vous ne fournirez plus matière à la satire des Farceurs. Mon intention est que ces auteurs puissent donner librement carrière à leur bile satirique sur toutes sortes de sujets et de personnes, pourvu qu'il ne donnassent aucune atteinte à l'honneur des Dames. »

La *Moralité*. Elle est à sept personnages. Italiens et français se reprochent les malheurs de la guerre et conviennent entre eux d'appeler comme arbitre Jules II (l'*Homme Obstiné*).

Le dialogue du peuple français et du peuple italien commence par une ballade, et se continue entre les deux peuples, chacun vantant son pays et méprisant son adversaire. Les italiens reprochent à la France ses vices et ses travers et les français n'épargnent pas les quolibets à l'Italie.

« Il n'est rien pire, par ma foi, qu'un français italiqué. »

L'*Homme obstiné* arrive et commence à se dépeindre dans une ballade qui se termine par ces vers :

> Regardez-moi, je suis l'Homme obstiné.

Les deux parties s'approchent et essayent de fléchir le belliqueux pontife. Il ne veut rien entendre, et n'écoute pas même la ballade que prononce *Punition divine*, assise en l'air, dans une haute chaire :

> Peuple italique, ne crois l'homme obstiné,
> On se repent aucunes fois trop tard.

Simonie et *Hypocrisie* arrivent en scène et dans une

double ballade intercalée vantent leur puissance dans les deux nations de France et d'Italie :

SIMONIE. Et maintenant on me laisse régner,
Et tout par tout courir et cheminer,
A mon plaisir, au royaume de France.
Peu y en a pourvus sans simonie.

HYPOCRISIE. Pour avoir bruit, je fais la chattemitte.
Feins de manger un tas d'herbes sauvages.
Mais en secret, je fais plusieurs outrages.
Je me cource, fume, dépite, irrite,
Inventeur suis de mille larcinages.
Mon beau maintien, mes gracieux langages
Abusent gens, chaque dévot me claine.
Tout suis à Dieu, fors que le corps et l'âme.

Punition divine essaye vainement d'ouvrir les yeux aux pauvres français et italiens, abusés par ces deux fléaux, elle n'y parvient pas. Alors entrent en scène les *Démérites communs*, ou les fautes de chacun, qui se mettent à faire le portrait de tous les personnages précédents. Tous se repentent, excepté l'Homme obstiné, qui persiste dans son endurcissement.

La Moralité se termine par les adjurations des deux peuples, aux princes, aux seigneurs, aux justiciers, aux prélats, aux marchands, etc : Hélas, craignez punition divine.

LES FRANÇAIS. Punition divine nous menace,
Par quoi devons à Dieu crier merci.
Nos démérites ont à la queue un SY ;
Je vous supplie bien à tous qu'on l'efface.

La *Farce* n'a que six personnages : Raoul Ployart et Doublette, sa femme, Malsecret, leur valet, deux voisins Messieurs Faire et Dire, et le juge, le seigneur de Balletreu.

Cette petite pièce est d'un comique achevé, pleine de sous-entendus malicieux et fort lestement écrite. Le mari trompé, Raoul Ployart est charmant de bonhomie, la femme est une fine mouche, et leur valet un rusé matois.

La scène représente un village : d'un côté les maisons, de l'autre les terrains et les vignes. Raoul Ployart interpelle sa femme qui travaille aux champs :
— Approchez, mon tendron, ma petite trogne. — Laissez m'en paix, vous me fâchez, repart Doublette, qui se répand en invectives contre son fainéant de mari qui ne travaille pas et laisse en friche leur vigne. Le valet, Malsecret, confident de Doublette appuie ces doléances et annonce qu'il connaît « un fouilleur qui renversera soudain la terre et saura provigner la vigne de sa maîtresse. »

Passent deux vignerons, Faire et Dire. Raoul s'en va à la maison, laissant les voisins deviser avec sa femme. Le valet fait le guet.

FAIRE.	Voisin, les eaux seront bien grandes,
	Lorsque les neiges seront fondues.
DIRE.	Nos vignes sont-elles morfondues
	De ces gelées ?
FAIRE.	Nenni, voisin.
	J'ai espoir que quelque matin
	Ma vigne soit bien provignée.
DIRE.	Les vins sont bien verts cette année,
	Dont il fait mal aux bons buveux.
FAIRE.	Ceux qui ont gardé les vins vieux
	N'y perdront rien.
DOUBLETTE.	Il faut que dans cette après dînée,
	En ma vigne on besogne en tâche.
FAIRE.	Vous faut-il point de laboureurs,
	Ma Dame ?
DIRE.	Voici des ouvriers
	Qui laboureront volontiers
	En votre vigne !

Doublette accepte les deux vignerons ; mais Dire ne peut effectuer ce qu'il a promis.

DOUBLETTE.	Vous ne faites rien.
DIRE.	Par ma foi, je laboure bien ;
	Ame n'y saurait contredire.
DOUBLETTE.	Comment vous nommez-vous ?
DIRE.	Dire !

DOUBLETTE.	Dire ! Notre-Dame, quel hôte !
	Videz tôt, jouez de la botte,
	Dire ne sert rien en tel cas :
	Sans rien faire vous êtes las ;
	Quoi ! vous n'êtes qu'un blasonneur.

Faire ne parle pas tant que son compagnon, mais travaille avec rage, ce qui satisfait beaucoup Doublette.

FAIRE.	Si voulez que je besogne,
	Dites-le moi ?
DOUBLETTE.	Là, hardiment.
MALSECRET.	Comme il y va fort âprement.
	Il se connaît en telle affaire.
DOUBLETTE.	Et votre nom, mon ami ?
FAIRE.	Faire !
MALSECRET.	Par Dieu, c'est un merveilleux sire.
DOUBLETTE.	J'aime bien mieux Faire que Dire ;
	Je veux bien que chacun le sache.

Pendant ce temps-là, Raoul Ployart est resté dans sa maison. Il sort en tapinois, pour surprendre sa femme avec les vignerons. Je n'y entends ni *fa* ni *mi*, dit-il en ouvrant sa porte avec précaution.

Le valet au guet signale l'arrivée du maître ; Faire se sauve, mais Raoul a tout vu ; il gourmande sa femme et lui reproche d'avoir « un galant qui se part d'icy et qui besogne en son ouvrage. » Raoul veut plaider contre sa femme, il porte l'affaire au Prince des Sots, qui délègue en sa place le seigneur de Balletreu. Ce juge, sorte de Perrin Dandin, écoute les raisons des deux parties, et finalement donne droit à la femme.

Raoul est furieux :

	Monseigneur de Balletreu, j'en jette
	Un appel.
LE SEIGNEUR.	Il se videra ;
	Et toutefois on conclura
	Que les femmes, sans contredire,
	Aiment trop mieux *Faire* que *Dire*.

« Ainsi, dit le Privilège de 1511, finit le Cry, Sottie,

Moralité et Farce, composez par Pierre Gringoire, dit Mère-Sotte, et imprimé pour iceluy. »

Tel est ce *Jeu* du Prince des Sots, la fleur du théâtre français au Moyen-Age, la pièce qui fit tant de bruit et qu'on pourrait, avec quelques modifications, remettre aujourd'hui en scène. Elle ne manquerait pas d'actualité.

Certes, je ne sais si je me trompe, mais notre Gringoire est bien digne d'admiration et il vaut mieux qu'une souriante pitié. Il a trouvé dans ce chef-d'œuvre d'actualité, de beaux accents pour condamner le fanatisme et maudire la guerre. Il appartient à cette grande famille gauloise où l'on parle franc, où le bon sens s'élève jusqu'au génie. Il a enfin le mérite de s'être fait une langue claire et harmonieuse en un temps où l'idiome poétique n'était pas encore fixé ; il a été lyrique avant Ronsard et correct avant Malherbe ; il a été poète dans un siècle de versificateurs sans talent.

CHAPITRE IV

Gringoire auteur et entrepreneur de mystères

Ung Dieu, ung roy, ung foy, ung loy!

Les origines du théâtre français ont fait en ces derniers temps l'objet de nombreux et savants travaux : MM. Lenient et Petit de Julleville, dans leurs ouvrages de critique, la *Société* des anciens textes français, dans ses publications, l'ancien théâtre français de M. de Montmerqué, d'autres livres encore, ont complètement fait la lumière sur cette période de notre théâtre national. Aussi a-t-on reconnu la fausseté de ce vers de Boileau : « *Chez nos dévots aïeux le théâtre abhorré.* » Jamais, au contraire, le théâtre ne fut plus populaire qu'au moyen-âge, d'abord, quand l'Eglise toujours prudente et habile, essaya de canaliser cet engouement ; puis avec les Bazochiens, les Enfants Sans-Souci et les confrères de la Passion.

La forme la plus habituelle de ces représentations populaires, était le drame religieux : les *Mystères*. Toutes les parties de l'Europe eurent leurs faiseurs de mystères, tous les sujets de la Bible, les légendes des saints, les récits merveilleux des vieux chroniqueurs, fournirent matière à des drames sans fin, joués en plein air par de fort nombreux acteurs devant une foule immense.

N'avons-nous pas vu, de nos jours encore, l'Europe entière se rendre à la représentation extraordinaire du drame de la Passion au village d'Ober-Ammergau, en Bavière ? Tels étaient les anciens mystères, avec leurs développements à perte de vue, leurs décors magnifiques, leur mise en scène étonnante à la fois de grandeur et de puérilité.

Le quinzième siècle fut l'âge d'or des *Mystères*; dans les églises, les cloîtres, les places publiques, partout on joue des drames religieux, qui enthousiasment le populaire ; le clergé y prend part, avance l'heure des offices pour y conduire les fidèles et souvent remplit des rôles importants et dirige l'action pendant plusieurs journées.

Le seizième siècle devait voir la fin de ces représentations ; on ne compte qu'une vingtaine de mystères jusqu'en 1550, époque de leur suppression, et le plus important, à tous points de vue, est le *Mystère de Saint-Louis*, par Pierre Gringoire en trois journées et neuf parties.

La Lorraine n'avait pas été privée de ces spectacles si intéressants. Sous le roi René, Jean le Prieur valet de chambre et maréchal des logis de René d'Anjou, composa sur l'ordre de son maître un beau mystère : « le *Mystère du Roy advenir.* »

A Metz, à Nancy, à Saint-Nicolas, on avait représenté des mystères, sous le règne de René II.

C'était tantôt l'histoire de sainte Barbe de Nicomédie (1) le jeu et fête de saint Nicolas de Myre, le jeu du chevalier saint Georges (1487), le mystère de la Résurrection (en 1512 au Palais Ducal de Nancy), etc.

A Paris, Gringoire fut pendant près de vingt ans, le *facteur* officiel des mystères représentés au Châtelet, lors des entrées solennelles des personnages illustres dans l'Etat.

De toutes ces pièces composées par notre poète, il

---

(1) A ce sujet, il n'est pas sans intérêt de rappeler que récemment, j'ai découvert dans l'église de Saint-Nicolas de Port, sous le badigeon, une grande peinture, représentant l'enlèvement de sainte Barbe par les anges, toute nue et vêtue de sa seule chevelure. Je me propose d'étudier plus à fond cette peinture étrange, située au transept droit de notre basilique et qui remonte aux premières années du XVIe siècle.

ne nous en est resté qu'une seule, le *Mystère de saint Louis*, mais celle-là nous console des autres qui sont perdues, car elle est bien supérieure à tous les mystères précédents, et c'est la seule qui ait mis en scène des épisodes de notre Histoire de France.

Dans ce théâtre informe du XVIe siècle, dit M. Villemain, il y a vraiment de la grandeur. Gringoire sent vivement les vertus d'un bon et sage roi, et ce sont ces vertus qu'il célèbre. Sous forme de longue biographie, entrecoupée d'émouvants épisodes, le mystère de Saint-Louis est un drame patriotique offrant des traits fort remarquables.

Dès l'année 1501, nous voyons les comptes officiels de la ville de Paris, mentionner des œuvres de Gringoire.

A l'occasion de l'entrée solennelle de l'archiduc Philippe d'Autriche, le 25 novembre 1501, on lit :

« A Jehan Marchand charpentier de la grand'cognée, et Pierre Gringoire, compositeur, cent livres, pour avoir fait et composé le mystère fait au Châtelet à l'entrée de M. l'archiduc, ordonné les personnages, iceux revêtus et habillés, ainsi qu'en mystères il est requis, et pareillement avoir fait les échaffauds qui étaient nécessaires. »

Sauval, dans ses *Antiquités de Paris*, dit que Gringoire est qualifié officiellement de compositeur, historien et facteur de mystères.

En 1502, on lit dans l'*Ordinaire* de Paris :

« A Jehan Marchand et Pierre Gringore, compositeurs et charpentiers, qui ont fait et composé le Mystère fait au Châtelet de Paris à l'entrée de M. le Légat (Georges d'Amboise, cardinal-archevêque de Rouen, premier ministre de Louis XII), ordonné des personnages, eux revêtus et habillés comme il était requis audit mystère, et fourni le bois des échafauds, cent livres. »

En 1504, le 19 novembre, la reine de France, veuve de Charles VIII, qui vient d'épouser en secondes noces, le roi Louis XII, divorcé d'avec Jeanne de

Valois, fait à Paris son entrée solennelle. Encore un mystère (1): « A Jehan Marchand et Pierre Gringoire, la somme de 50 livres parisis pour accomplir le mystère qui se devait faire à l'entrée de la Reine de France, lesquels ont fait et préparé la plus grande partie du mystère, pour parfaire et accomplir quand le bon plaisir sera à ladite Dame de faire son entrée, ainsi que ledit Marchand et Gringore se sont obligés par devant deux notaires.

Item à Maîtres Jehan Marchand et Pierre Gringore, cent livres. pour par eux avoir fait des eschafauxet fait faire le Mistère sur la porte dudit Châtelet de Paris à l'entrée de Madame la Reine, qui fut par elle faite en ceste ville de Paris, qui est livré par eux les habillements et autres choses nécessaires appartenantes pour le dit Mistère. »

En 1514, Louis XII, veuf d'Anne de Bretagne, épouse la jeune Marie d'Angleterre. Cette princesse fait son entrée à Paris le 6 novembre 1514. Le 1er janvier suivant, elle était veuve. Derechef Gringoire déploie sa représentation : « A Jehan Marchand, charpentier, et Pierre Grégoire, historien et facteur. demeurant en cette ville de Paris, la somme de 115 livres parisis à eux ordonnée par les trésoriers de France, par leur lettre du 14 novembre 1514, pour avoir fait faire les échafauts, composé les Mystères, habits des personnages, loué tapisseries et salarié les chantres. ménétriers et autres personnes pour servir au Mystère qu'il a convenu faire à l'entrée de la Reine, au-devant du portail du Châtelet de Paris ; lequel Mystère a été bien honnêtement fait et accompli et au grand nombre de personnages faisant ledit

---

(1) « Pour plus joyeusement recevoir la Reine (Anne de Bretagne), on fera aux portes ébattements honnêtes et nouveaux, et pour ce faire on mandera gens de l'Université de Paris, habiles pour trouver quelque bonne invention et le diter en rime en français. »

mystère qu'il a convenu audit Marchand et Grégoire salarier, les vestir et accoutrer selon la qualité des personnes qu'ils représentaient. »

Le 15 février 1515, nouveau mystère pour l'entrée de François Ier : « A eux, 115 livres, pour leurs peines, salaires, vacations, d'avoir fait, devisé et composé le Mystère qui a été fait à la porte de Paris, pour la décoration de l'entrée du Roi notre Sire, qui fut faite en cette ville de Paris le quinzième jour du mois de février, comme pour les récompenser des frais par eux faits en accoutrement de draps de soie, échafauds, engins et autres, qu'il leur a convenu d'arranger pour ledit Mystère. »

En 1517, le 12 mai, la femme de François Ier, la bonne reine Claude de France, fille de Louis XII, fait son entrée à Paris. La ville charge encore Gringoire de préparer cette solennité, de concert avec l'entrepreneur Jean Marchand, et leur alloue une indemnité de 100 livres parisis, pour leur mystère joué au Châtelet.

Nous voyons paraître une dernière fois le nom de Gringoire dans ces fêtes officielles de la monarchie, le 16 mars 1531, lors de l'entrée d'Eléonore d'Autriche, seconde femme de François Ier.

Tous les mystères de Gringoire sont perdus ; ont-ils été imprimés ? On l'ignore, mais il est peu probable, puisque son chef-d'œuvre en ce genre, le *Mystère de Saint-Louis*, est resté manuscrit jusqu'en 1877.

Quoi qu'il en soit, ces données historiques montrent un Gringoire, fournisseur attitré de la ville de Paris, une sorte de commissaire général des fêtes officielles, un habile metteur en scène, aidé du charpentier Marchand, pour la partie purement matérielle de l'œuvre.

Le seul mystère qui nous soit resté de Gringoire est donc le Mystère de Saint-Louis. Le manuscrit de ce drame héroïque et mystique est conservé à la Bibliothèque nationale (1).

L'étude approfondie de cette œuvre nous entraînerait trop loin ; du reste, l'édition de MM. de Montaiglon et de Rothschild, en 1877, a élucidé toutes les questions historiques et bibliographiques. Nous y renvoyons le lecteur, nous contentant d'une courte analyse de ce chef-d'œuvre de la poésie dramatico-religieuse au Moyen-Age.

L'ouvrage débute ainsi : « Cy commence la Vie Monseigneur Sainct Loys, Roy de France, par personnages, composée par Maistre Pierre Gringoire à la requête des Maistres et Gouverneurs de ladite Confrérie dudit sainct Loys, fondée en leur chapelle de sainct Blaise à Paris (2). »

Le drame est écrit en vers de huit pieds, et renferme neuf livres :

1º Jeunesse de saint Louis, 2º Entreprises coupables des grands seigneurs de France contre la couronne, 3º Guerre de l'Empereur d'Allemagne contre le pape et le roi de France, 4º Première croisade de saint Louis, 5º Son retour en France, 6º Justice du roi pour son peuple, 7º Condamnation d'un malfaiteur et du seigneur de Coucy, 8º Seconde croisade de saint Louis et sa mort, 9º Trois miracles dus à son intercession.

Ces différents livres ou *Actes* étaient joués séparé-

---

(1) La Bibliothèque nationale possède un autre *Mystère de saint Louis* sans nom d'auteur, tout à fait différent de celui de Gringoire. Ce Mystère a été publié en ce siècle en Angleterre.

(2) Le Mystère de saint Louis fut donc fait par Pierre Gringoire à la requête de la corporation des maçons et charpentiers de Paris, qui se réunissaient dans un petit édifice appelé chapelle des saints Blaise et Louis, dans la rue Galande, près de Saint-Julien-le-Pauvre. Les murs de cette chapelle avaient été ornés vers 1500 de peintures à la détrempe, représentant les faits et gestes de saint Louis, roi de France.

ment, et l'acteur avait soin de prévenir le peuple que la suite viendrait plus tard.

> Jusqu'à un an, noble assistance,
> Adieu ! Prenez en patience.

Il n'y a pas moins de 6.572 vers et de 200 personnages dans ce Mystère, acteurs célestes, humains et diaboliques. Il ressemble à toutes les compositions dramatiques du même genre, mais il s'en distingue par un grand fonds de patriotisme et des scènes admirables.

En voici une courte analyse :

LIVRE PREMIER. — La reine Blanche, régente du royaume de France après la mort de Louis VIII, assemble en conseil les grands vassaux de la couronne, le duc de Bretagne, le comte de la Marche, le comte de Champagne. Ces seigneurs aspirent tous au gouvernement et conspirent entre eux pour y arriver.

> Il nous faut
> Aux affaires de ce royaume entendre,
> Car le roi est encor bien jeune d'âge.

Saint Lous paraît, suivi de son précepteur, un frère prêcheur, qui l'exhorte et lui donne de sages leçons. Des malheureux frappent à la porte, un aveugle conduit par un lépreux, qui demandent tous deux secours en leur infortune. La reine Blanche leur sert un bon repas qui met les pauvres gens en joie :

L'AVEUGLE.	Mon lépreux, nous boirons beaucoup [aujourd'hui.
Le LADRE.	J'ai bonne espérance De remplir aussi bien ma panse Que jamais ne fis dans ma vie.
SAINT LOUIS.	Buvez et mangez, je vous prie En l'honneur du doux Créateur.
LE LADRE.	Je suis si pourri, cher seigneur, Que des gens je n'ose approcher.
SAINT LOUIS.	On ne t'en doit rien reprocher Mon ami ; c'est la volonté De Dieu.

Les seigneurs reparaissent et sont outrés de voir un roi et une reine en compagnie de tels coquins.

Le Duc de Bretagne. Voyons, quelle sera la fin,
Regardons ceci, sans mot dire.
Le ladre. Nous avons très bien repu, Sire,
Grâce à votre Seigneurie.
L'aveugle. Par ma foi, la panse me tire.

Le roi lave alors les pieds à ces pauvres, tout confus, le ladre surtout qui s'écrie :

> Ma face est si pourrie
> Et si pleine de ladrerie
> Qu'elle tombe par place.

Cela ne touche guère le roi, qui l'embrasse et guérit le lépreux. Cette scène est admirable, le roi s'y montre plein de douceur et d'humilité, les deux malheureux tout penauds et ne trouvant que des mots risibles pour remercier leur bienfaiteur, les princes narquois et malveillants.

Livre II. — Les grands vassaux se sont révoltés contre l'autorité royale; Chevalerie, Populaire et Bon Conseil se viennent ranger autour de Louis ; le comte Thibaut de Champagne a bientôt honte de sa conduite et prend la résolution de passer du côté du roi; les autres confédérés veulent enlever le roi, tandis que la comtesse de la Marche lui envoie son secrétaire pour l'empoisonner, Ce messager de crime est pris sur le fait, condamné et exécuté.

Le Roy. Pierre Mauclerc, Duc de Bretagne,
Hue, comte de la Marche, aussy,
Et Thibaut, comte de Champagne
Pour me nuire sont en soucy.

Le duc de Bretagne s'adresse au peuple assemblé :

> Bref, nous serons les gouverneurs
> Du royaume, qui qu'en grommelle,
> Ou au Roi ferons guerre telle
> Qu'il sera bientôt pris ou mort.

La comtesse de la Marche indique à son secrétaire comment il s'y faut prendre pour empoisonner le roi :

> Faut aller à la cour du roi,
> Et trouver moyen d'approcher
> De son poisson ou de sa chair,
> Et mettre des poisons dessus ;
> Entendez-vous ?

Le secrétaire hésite longuement, mais finit par se rendre aux ordres de sa perfide maîtresse. Il arrive à Paris, entre au palais et jette son poison sur les mets destinés au roi. Mais un héraut l'a vu, on le saisit, on le traîne devant Louis et la reine Blanche. Le malheureux avoue ses noirs desseins ; on appelle les juges et le bourreau et sans désemparer on le pend haut et court.

La scène du supplice est un dialogue à la fois amusant et pathétique entre le bourreau et sa victime.

LIVRE III. — L'empereur d'Allemagne Frédéric et un personnage nommé Outrage, se lient par serment de faire périr le roi de France, en l'attirant dans un piège. On concerte pour cela une entrevue à Vaucouleurs. Mais sachant que le roi est accompagné de ses chevaliers en armes, l'empereur n'ose y aller et s'attaque au pape Grégoire et à l'Eglise en voulant prélever des décimes. Le pape excommunie l'empereur, qui revient contre le roi de France, et emprisonne tous les évêques de ce pays, allant au concile, à Rome. Le navire qui les transporte passe au fond du théâtre ; les allemands l'arrêtent et jettent les prélats dans les fers. A la fin, la paix se rétablit, les deux souverains font alliance et saint Louis tombe grièvement malade. Il fait vœu de se croiser, s'il guérit. Aussitôt le mal disparaît :

> Réveillé me suis d'un dormir
> Merveilleux, où j'ai vu des choses,
> Qui seront en mon cœur encloses,
> En mon cœur, sans les révéler.
> J'ai été en adversité
> Aucunement dedans Poissy,

> Mais je suis guéri, Dieu mercy.
> Or nous irons présentement
> Visiter le pape à Cluny
> Afin qu'avec nous soit uni
> Et me croise de sa main.

Livre IV. — La scène se passe d'abord en la célèbre abbaye de Cluni, où le pape s'est arrêté pour quelque temps. Il reçoit saint Louis, entouré de ses cardinaux et des moines. Assaut de politesses de la part des deux souverains ; le pape croise les guerriers et les prélats et leur donne l'absolution

> De tous les péchés qu'avez faits,
> En vous pardonnant vos méfaits.

Aussitôt nous sommes transportés en Egypte, dans la ville de Damiette. Des guerriers turcs causent entre eux des affaires du Croissant, et regrettent que le Sultan laisse les chrétiens en repos dans ses Etats, même, dit l'un, qu'en notre ville, au marché

> Aucuns chrétiens y ont fait mettre
> Une croix, — Ce nous est tout un ;
> Car quoi ? tout le peuple commun
> Souvent s'assied autour d'icelle.
> Elle est entretaillée et belle
> Mais il n'en vient aucun profit.
> Il y ont mis un Crucifix,
> Montrant, comme j'ai entendu,
> Que leur Dieu fut en croix pendu.

Au marché de Damiette : discours de plusieurs chrétiens, qui attendent l'arrivée de saint Louis. Un montreur d'ours dans une scène plaisante et grotesque, amuse les badauds par son boniment et les tours de son animal. Saisi d'un besoin pressant, l'ours tourne à l'entour de la croix et la souille, au grand désespoir des chrétiens :

> Cet ours pisse contre la croix.
> La figure du Roi des Rois
> Y est pendue. Ah ! qu'est-ce cela ?
> Il me fait mal de voir cela.

O prodige, l'ours chancelle, tombe à la renverse
et meurt :

> Quoi ! mon ours trépigne et chancelle
> Tout comme s'il était ivre.
> Si Jupiter ne le délivre
> Il est mort. C'est chose diverse,
> Est tombé mort à la renverse,
> Tout aussitôt qu'il a pissé
> Contre la croix, et a grissé
> Des dents par un terrible effort.
> Hélas ! mon pauvre ours, tu es mort.
> Jamais si sage n'en aurai,
> Ne sais de quoi je gagnerai
> Ma vie dorénavant, hélas !

Les spectateurs longuement dissertent sur la cause
de la mort ; les chrétiens disent que c'est un mi‑
racle, les païens une maladie, et un grand turc, Bran‑
difer, ajoute qu'il montrera bien qu'on est déçu en
frappant son poing dessus le crucifix.

Il frappe du poing sur la croix et sa main devient
sèche.

> Ah ! qu'est-ce qui m'est venu ?
> En frappant cette croix fichée,
> Las ! hélas, ma main s'est séchée.
> J'aperçois ma main toute sèche ;
> Ceci terriblement m'empêche.

Un chrétien. C'est une chose bien exquise.

Un autre turc, Billonart, ne se tient pas pour
battu :

> Ah ! ah ! vous pensez révéler
> Une tromperie manifeste,
> Disant que Jésus fut prophète,
> Et puis qu'il fut Dieu. Quelle folie !
> En méprisant sa mère Marie,
> Et sa croix, et le nom de Jésus
> Maintenant je pisserai dessus
> La croix, ainsi que l'ours a fait.

Aussitôt il tombe mort ; les Français débarquent
devant Damiette, la bannière de France est déployée,

un cardinal tient la vraie croix, la bataille s'engage et les croisés prennent Damiette. Bientôt la campagne commence entre les Musulmans et les Français.

Le roi de France est fait prisonnier avec ses seigneurs et ses prélats, mais le Soudan ordonne aux siens de le traiter généreusement.

Livre V. — Saint Louis fait un traité avec les Sarrasins, il rend Damiette et s'en va visiter Jérusalem. Pendant ce temps, le roi d'Angleterre, profitant de l'absence du roi de France, tente une descente en Normandie. car, dit-il à ses barons, vous pouvez savoir que nous sommes leurs anciens ennemis.

> Mais les Français ne sont pas bêtes ;
> Sont gens hardis et courageux.

Un hérault est envoyé en Terre-Sainte, pour annoncer au roi pélerin que :

> Mortels sommes tous ;
> La vie mondaine est tôt passée ;
> La reine Blanche est trépassée ;
> Votre noble et dévote mère.

A cette nouvelle, le roi se décide à revenir en France ; on lui raconte les souffrances que les Sarrasins font endurer aux Français prisonniers en Egypte. Les Anglais, très prudents, apprenant le retour de saint Louis, remettent à plus tard leur expédition :

> Seigneurs d'Angleterre,
> Retirons-nous, sans plus enquerre,
> Sans faire la guerre aux Français
> Pour maintenant ; car je connais
> Qu'il ne nous en prendrait pas bien.

Livre VI. — Saint Louis est de retour en France, à Paris, entouré des seigneurs, de la chevalerie, des prélats et du peuple.

Il met en ordre les affaires du royaume, et sur l'avis de Bon Conseil, qui connaît un personnage qui est digne d'exercer la Prévôté, il nomme Etienne Boileau prévôt de Paris. Le nouveau magistrat rend aussitôt la justice : un hôtelier infidèle niant le dépôt à lui fait par un marchand, est envoyé à la potence, car dit le juge

> Vous passerez par ce passage
> Puisque suis commis en l'office
> Où il faut que je fasse justice ;
> Je la ferai, sans plus attendre,
> Au grand, au petit et au moindre
> Car le bon Roi le veut ainsi.

Il faut lire aussi l'admirable épisode de la Mère et de son fils. Ce dernier, filleul du prévôt, est un mauvais sujet qui met toute son étude à suivre folle compagnie et à gaspiller les biens de sa mère. Les remontrances affectueuses de cette pauvre mère ne lui font rien ; il s'en moque et va courir la gueuse, en répétant :

> Je suis assez grand
> Pour savoir ce que j'ai affaire.
> Je m'en vais. Vous aurez beau braire,
> Je ferai comme je l'entends
> Assez grand suis pour me conduire.

La mère, comme toutes les mères, aime son fils coupable :

> Je l'aime tant que j'en suis folle ;
> Aussi c'est mon seul fils.

Elle va demander conseil à Etienne Boileau, qui lui fait promettre de lui envoyer son garnement quand il lui demandera de l'argent :

> Et je vous promets, par ma foi,
> Commère, je ferai si bien
> Qu'il ne dérobera plus rien.

L'occasion arrive bientôt. Le folâtre jeune homme, plein d'insouciance, aborde son parrain :

> Dieu vous tienne en prospérité
> Monsieur mon parrain.

Mais il n'y a pas de parrain qui tienne. Le jeune débauché, à toutes les représentations d'Etienne Boileau, répond invariablement

                Je n'y saurais tenir.
ETIENNE.   Vous ne sauriez ! ah ! non, non !
                Je vous promets que si ferez.
                Avec eux vous n'irez jamais.
LE FILS.   Je vous crie merci, mon parrain.
ETIENNE BOILEAU. Je vous condamne par sentence
                D'être, la nuit, au gibet pendu
                Et étranglé. Au résidu,
                Bourreau, prenez ce mignon tôt.

Lamentations inutiles du condamné, supplications maternelles, rien n'y fait, le Prévôt reste inflexible. La sentence est exécutée.

LIVRE VII. — On continue à représenter sur la scène des épisodes de la justice royale. Cet acte est le plus émouvant de tout le Mystère, avec des passages qui ne seraient pas indignes de Shakespeare. Après l'exécution d'un misérable qui avait blasphémé le nom de Dieu en jouant aux dés, et qui est condamné à avoir les lèvres brûlées par le bourreau — châtiment qui révolte le peuple, — arrive le long épisode des trois enfants mis à mort par le sire de Coucy.

Il était trois petits enfants, nobles de Flandre, qui étaient en pension chez l'abbé de Saint-Nicolas, près de Laon (1). Content de ses élèves, qui apprenaient très bien le langage de France, le bon abbé les envoie tous trois à la chasse dans la forêt de l'abbaye, pour s'amuser à tirer des lapins de garenne.

                Bon Père abbé nous irons
                En la forêt, et chasserons
                Seulement aux petits connins.

---

(1) La célèbre complainte lorraine des trois enfants de Saint-Nicolas prend son origine de ce fait historique. Je l'ai publiée en 1888, chez Berger-Levrault, dans un petit opuscule : *Le 5 décembre à Saint-Nicolas*.

Voir aussi le *Miracle de Saint Nicolas*, par Gabriel Vicaire, Paris. Lemerre. 1888.

Les trois enfants cheminent, portant leurs arcs et leurs flèches, Les voilà courant à travers le bois, admirant les beaux arbres et le doux chant des oiseaux.

1ᵉʳ ENFANT.	Or chassons tout doucettement
	Passant temps.
2ᵉ ENFANT.	Ces arbres sont beaux
	Et puis le doux chant des oiseaux
	Nous réjouissent à merveille.
3ᵉ ENFANT.	Nous voyons choses non pareilles
	En ce bois.
LE 1ᵉʳ	Tirons hardiment,
	Par manière d'ébattement
	De nos arcs.
LE 2ᵉ.	Nous avons frappé
	Ce connin ; qu'il soit attrappé.

Mais ils ont étourdiment passé dans la forêt voisine, dont le seigneur Enguerrand de Coucy, fait garder sa chasse par des forestiers armés avec une impitoyable rigueur.

A peine les jeunes écoliers ont-ils décoché leurs traits sur un lapin, qu'ils sont saisis par les gardes du sire de Coucy. Enguerrand, qui entend le son du cor, paraît bien vite :

> Qu'est-ce que ces paillards ont fait,
> Forestiers ?

LE 1ᵉʳ FORESTIER.	Monsieur, ils chassaient
	En votre bois, et pourchassaient
	Le gibier parmi ces buissons.
ENGUERRAND.	Ah ! traîtres, ah ! paillards garçons.
	Chassez-vous mes cerfs, biches, daims,
	En ma forêt ? Je renie Dieu
	Si jamais vous partez de ce lieu.

En ce moment, passent deux hommes en la forêt. Enguerrand les fait appeler et leur demande :

	Où vont les galants ? Qui les mène ?
UN HOMME.	Nous allons à notre aventure.
ENGUERRAND.	Quoi, vous venez chercher pâture
	En mes bois !

Le châtelain apprend bientôt que c'est le bourreau de Paris accompagné de son valet, qui se rend à la ville de Laon. Là commence une scène singulièrement pathétique entre la froide atrocité d'Enguerrand, la barbarie servile de l'exécuteur, les basses plaisanteries du valet plus méchant que son maître, le naïf désespoir et pourtant le courage des pauvres enfants, et jusqu'aux regrets timides des deux gardes forestiers, témoins désolés de cette exécution sommaire que, sans le savoir, ils ont préparée. Voici ce passage qui fera mieux connaître encore notre Pierre Gringoire :

ENGUERRAND (*au bourreau*).   Prends ces paillards,
  Maîtres larrons, pendards, pillards,
  Et à cet arbre me les pend.

LE BOURREAU.   C'est assez dit, je vous entends.
  Çà, venez.   (*il prend le 1er enfant*).

LE 1er ENFANT.   Que voulez-vous faire ?

LE BOURREAU.   Je vous veux, pour le faire court,
  En ce bel arbre, haut et court,
  Etrangler, — les autres aussi,
  Qui sont avec vous,

LE 1er ENFANT.   Qu'est-ce ceci ?
  Jésus ! et d'où vient cet outrage ?
  Nous n'avons fait aucun dommage,
  En votre forêt !

LE BOURREAU.   Il vous faut,
  Pour passer temps, monter là-haut,
  Et puis dévaler parmi la voie.

LE 2e ENFANT.   Hélas ! et faut-il que je voie
  Mourir si gracieux enfant ?

LE VALET.   Vous en aurez bientôt autant,
  Vous êtes si bel et mignon.

LE BOURREAU.   Aussi aura son compagnon,
  Car il m'est commandé.

LE 3e ENFANT.   Hélas,
  On nous vend bien cher le soulas
  Qu'en ce bois avons voulu prendre.

Le 1ᵉʳ Enfant.	Mes compagnons, il faut entendre Que voici la fin de nos jours : Nul ne nous peut faire secours ; Mourir faut, sans nuls contredits ; Je prie Dieu qu'en son Paradis Aujourd'hui le voyons tous trois. Adieu, mes amis. (*Le bourreau le pend*).
Le Bourreau.	Haut le bois ! En voilà déjà un dépêché.
Le Valet.	Il n'a guère longtemps prêché, Mon maître !
Le Bourreau (*prend le 2ᵉ*)	Au plus près de lui Serez attaché aujourd'hui, Car vous êtes enfant de sorte.
Le 2ᵉ Enfant.	En Jésus-Christ me réconforte ; En lui seul est mon espérance. Hélas ! hélas ! notre plaisance Est montée en deuil et courroux.
Le 3ᵉ Enfant.	Ah ! beau cousin, que ferons-nous ? Mourir nous faut cruellement, Et le porter patiemment, Mon ami !
Le 2ᵉ Enfant.	Hélas ! que diront Nos nobles parents, quand sauront Notre mort très dure et amère ?
Le 3ᵉ Enfant.	Je plains mon père !
Le 2ᵉ Enfant.	Et moi ma mère !
Le 3ᵉ Enfant.	Je ne crois point, je vous certifie, Que de deuil ne perdent la vie Si tôt que notre mort sauront.
Enguerrand.	Ces coquins ici prêcheront Longtemps ? — Dépêche le paillard !
Le Bourreau (*le pend*)	Regardez si je suis fétart, (*paresseux*). Le voilà dépêché soudain. L'autre !
Le Valet.	Je le tiens par la main Tout ainsi comme une épousée ; Il est tendre comme rosée, Le jeune enfant.
Le Bourreau.	Tais-toi, tais-toi. — Mon ami, montez après moi Et pensez à Dieu.

LE 3ᵉ ENFANT. A grand tort
Vous nous faites subir la mort ;
Mais force est prendre en patience.
Notre bon père abbé ne pense
Pas le déplaisir qu'on nous fait ;
On nous montre rigueur, de fait,
Sans avoir aucun mal commis.
Tous trois sommes à la mort mis
Par un homme plein de malice.
Las ! où est droit, où est justice,
Où est amour, fraternité,
Où est pitié et charité ?
Il ne les faut plus ici querre. (*chercher*)
LE BOURREAU (*le pend*). Il nous faisait trop long sermon.
Dépêché est sans plus enquerre.

Le poète ne s'arrête pas là : tout doit aboutir à la justice de saint Louis et au châtiment du coupable.

L'abbé de Saint-Nicolas s'inquiète de l'absence prolongée de ses élèves, il les cherche dans la forêt ;

Mes enfants sont trop longuement
En ces bois, j'ai peur qu'ils n'aient mal.
Je veux aller amont, aval,
Pour savoir si je les trouverai.

Il arrive bientôt au lieu du supplice ;

Glorieuse Vierge pucelle,
O doux Jésus, qu'est-ce ceci ?
Las ! Las ! d'où est venu ceci ?
O quel déplaisir, quel outrage !
O quelle perte ! Quel dommage,
Que le malfaiteur ne peut rendre !
Avoir fait ces innocents pendre.

Alors l'abbé les fait porter à son monastère et les ensevelit solennellement. Puis, avant qu'il soit deux jours, il court à Paris, où le roi tient cour plénière, et dénonce l'infâme sire Enguerrand de Coucy :

Messire Enguerrand de Coucy,
Comme enragé et hors de sens,
A fait mourir trois innocents
En ses bois !
LE ROI. La raison pourquoi ?

L'Abbé. Sire, je vous promets ma foi
Que trois enfants Flamands j'avais,
Très nobles, auxquels j'apprenais
A parler français ; ils allèrent
Passer temps aux bois et chassèrent
Au bois de Messire Enguerrand
De Coucy, assez près de Laon,
Qui les trouva dessus le fait.
Il les a fait livrer à mort
Tous trois... le plus vieil des enfants
N'avait qu'environ quatorze ans ;
C'est de leur mort un grand dommage.

Le roi est saisi d'horreur et fait mander par un héraut le sire de Coucy. Il le condamne seulement à une forte amende de dix mille livres et à faire campagne à ses frais en Terre-Sainte durant trois années.

Il y a, dans cet épisode, le plus beau de tout le mystère, une veine d'indignation contre les grands et une douce pitié pour les infortunés. Ces pages, qui firent jadis couler tant de larmes au théâtre, indisposèrent fortement contre Gringoire d'arrogants seigneurs, dont la cruauté et le bon plaisir étaient ainsi fustigés en plein Paris, à une époque où ils étaient encore tout puissants.

Livre VIII. — Nous sommes arrivés à la fin de la vie de saint Louis. La croisade est commencée en Afrique ; on livre bataille aux Turcs ; mais bientôt la peste se met dans l'armée française :

Plusieurs sont chus en maladie,
Qui les a par ses grands efforts
Si bien grevés, qu'ils sont morts
Et couchés en bière à l'envers.

Le roi lui-même ne tarde pas à être atteint par ce fléau, au grand plaisir des Sarrasins et à la douleur des chrétiens.

Saint Louis, avant de mourir, recommande la France à son fils Philippe.

Le Roi.	Un flux de ventre tout soudain
M'a pris, qui me grève très fort ;
Si Dieu ne me donne confort,
Je suis en danger de mourir.
Je sens un mal si merveillable
Qu'impossible est que je ne meure
Devant qu'il soit jamais une heure.

Saint Louis meurt sur un lit de cendres. Le nouveau roi, Philippe-le-Hardi, traite avec les Sarrasins pour dix ans et revient en France avec les dépouilles de son père, qui sont reçues avec de grands honneurs au milieu des doléances des populations françaises.

Livre IX. — Ce dernier *Acte* du Mystère de saint Louis est consacré tout entier à une série de miracles opérés par l'intervention du roi, sur un garçon noyé, un fiévreux, sur des ouvriers préservés dans un éboulement. La pièce se termine par un pèlerinage à l'abbaye de Saint-Denis.

Terminons par ce curieux dialogue entre le père et la mère de l'enfant noyé :

La femme.	Mon ami, vous savez comment
Des biens n'avons pas largement,
Et vivons en notre ménage,
Dont, merci Dieu, honnêtement.
Notre moulin certainement
Nous nourrit ; autre labourage
Ne faisons ; mais en mariage,
Dieu merci, un enfant avons.
Le mari.	Il est vrai ! Aimer le devons,—
Car il est bien morigéné,
Par quoi je suis déterminé
L'envoyer, en brève parole,
Avant un mois dans une école,
Pour lui ouvrir l'entendement.
La femme.	A parler véritablement,
Il a déjà six ans passés ;
Il me semble qu'il est assez
D'âge pour à l'école apprendre ;
Mais il est si fluet, si tendre
Et de faible complexion.

Le mari.	Ma mie, mon intention
	Est d'en faire un homme d'église.
La femme.	Or, faites-en à votre guise ;
	Car vous l'entendez mieux que moi ;
	Mais je vous promets ma foi
	Que je l'aime de bon amour.

CHAPITRE V

Gringoire poète mystique

Multa renascentur quæ jam cecidere.

Le théâtre avait été jusqu'en l'année 1515, la principale occupation de Gringoire. Poète satirique ou facteur de soties et de mystères, il n'avait jamais songé à de plus sérieux travaux ; chrétien sans doute, mais ami du rire et de la vie joyeuse, il n'avait consacré à la religion de ses pères que des pièces fugitives, éparses en ses nombreux ouvrages.

Gringoire devait pourtant faire les délices des dévots de son siècle, en traduisant en vers les psaumes, les livres de la liturgie gallicane et en devenant à son tour le chantre d'une nouvelle croisade.

Il avait eu assez de vigueur de pensée et de mordante ironie pour se faire poète politique.

L'art catholique va le tenter, il suspend sa harpe aux voûtes du temple comme les bardes d'Homérus suspendaient leurs lyres aux colonnes de marbre des palais, et il court répandre sur les pieds de l'Eglise ses doux parfums de poésie.

Cette dernière transformation de notre poète est assez curieuse à étudier. On n'en doit pas être étonné cependant, étant connus l'état de la Lorraine à cette époque, le caractère de ses souverains, les fonctions honorables de Gringoire et son âge respectable.

Ce n'était plus, certes, le jeune enthousiaste qui soulevait toute la ville de Paris avec son *Cry* et sa *Sotie*, ce n'était plus le fécond satirique qui ne ménageait personne et s'attaquait à tous les abus ; non, c'était désormais un sage, un esprit rangé et sérieux, qui va prendre, sur le tard, une épouse, Catherine Roger, et se marier le 30 mai 1518 en l'église parisienne de Saint-Jean en Grève.

Le Gringoire des *Sots* l'implacable vengeur des droits de tous, l'artiste plein d'ardeur, le boute-entrain des fêtes et des solennités patriotiques, va faire place à un poète religieux et dévot, laissant de côté la fantaisie et les aventures, pour se consacrer à la réflexion et aux âmes pieuses qu'il va conduire dans les voies de la mystique surnaturelle.

Dans un milieu plus calme que Paris, dit M. d'Héricault, au sein d'une cour où régnaient la gravité des mœurs et des idées, à côté d'un prince pieux, réfléchi et intelligent, Gringoire put mieux comprendre la portée des œuvres de sa jeunesse.

L'âge avait élargi le cercle de ses idées, développé son bon sens, et sa tendance à la réflexion calme et profonde.

Malheureusement les poésies religieuses ne se lisent guère, en dehors des esprits auxquels elles s'adressent et les dernières œuvres de Gringoire, après avoir eu un succès inouï, sont tombées dans le plus complet oubli.

Combien de savants même ont lu l'*Imitation* traduite en vers par Corneille ? Il y a cependant dans cette œuvre sénile des vers admirables, mais ce poëme n'a rien ajouté à la gloire du grand tragédien, pas plus que les *Heures de Notre-Dame* et le *Blason des Hérétiques* ne servent à exalter le poète lorrain du XVIe siècle.

Ces travaux d'édification ne sont plus qu'une curiosité purement littéraire ou bibliographique. On peut les étudier au point de vue de la linguistique et de l'iconographie, mais ils ont perdu toute leur saveur première.

Il y a cependant des beautés de premier ordre, des images pleines de grandeur et de magnificence, il y a même une certaine naïveté qui plaît à certains, mais combien monotones, combien languissantes ces éternelles paraphrases, composées sur des textes déterminés et connus.

L'auteur n'est plus auteur ; ce n'est qu'un versificateur plus ou moins habile, un traducteur élégant mais froid, un malheureux qui ne peut plus penser par lui-même et doit s'astreindre à copier servilement les idées d'autrui.

Aussi les vers religieux de Gringoire portent à la fois l'empreinte de tout le désordre qui régnait malgré lui dans son imagination et de toute la fixité qu'il avait voulu lui imposer malgré elle. On sent qu'il y a là une ligne invisible autour de laquelle il gravite sans cesse, sur laquelle il marche fièrement lorsqu'il la rencontre, tandis que s'il s'en écarte, sa marche devient agitée et inquiète.

Voilà l'écueil de tous les poètes liturgiques, voilà pourquoi leurs œuvres sont de pâles copies d'un original parfois étonnant de majesté, de force et de concision grandiose.

Cette époque de la vie de Gringoire — depuis son départ de Paris jusqu'à sa mort en 1539 — sera étudiée dans le chapitre suivant ; mais, pour être complet, et pour montrer notre poète sous ses différents aspects, il nous faut parler très rapidement de ses poésies religieuses.

Le plus connu et le plus célèbre des ouvrages mystiques de Pierre Gringoire, est un livre de luxe, publié d'abord à Paris en 1525 et souvent réimprimé dans le cours du XVIe siècle : « les Heures de Notre-Dame translatées en français et mises en rithme à la requête de Madame Renée de Bourbon, duchesse de Lorraine, par Pierre Gringoire, dit Vauldémont. » (1)

On sait la dévotion de la Lorraine envers la Vierge Marie au moyen-âge et surtout aux XVe et XVIe siè-

---

(1) Consulter sur cet ouvrage, l'étude remarquable de M. E. Picot, *P. Gringore et les comédiens italiens*. Paris, 1878, br. in-8.

cles. Cette dévotion se traduisit par différentes pratiques, par des monuments, des ouvrages mystiques, par une profusion de Livres d'Heures manuscrits ou imprimés, notamment par la célèbre édition des *Horæ Virginis Mariæ*, publiée en 1503, par Pierre Jacobi, dans la ville de Saint-Nicolas de Port. (1)

Sur les instances réitérées de la duchesse de Lorraine, Renée de Bourbon, Gringoire *translata en vers* ces heures canoniales de la Vierge, appelées de nos jours le Petit office de la Vierge.

Il en fit une édition de grand luxe, avec des vignettes hors texte, édition que s'arrachèrent toutes les dames de l'époque, heureuses d'avoir un beau Livre d'Heures en *imprimerie* et en vers français. (2).

Nous ne voulons pas étudier cet ouvrage mystique ; c'est la traduction presque linéaire de l'office latin.

La première édition est un livre remarquable, avec de splendides caractères gothiques, orné de rubriques et de douze grandes planches gravées sur bois, et d'autres figures plus petites.

Le privilège d'imprimer donné en 1525 à Gringoire ne fut pas renouvelé sans protestations du Parlement de Paris et sans de nombreuses difficultés. La Sorbonne déclara qu'elle n'approuvait pas les traductions des livres sacrés, parce que ces livres n'avaient été approuvés qu'en latin, et non en hébreu, en grec et en français.

---

(1) Sur ce premier monument de la typographie lorraine à l'aurore du XVIe siècle, consulter les recherches sur l'imprimerie, de M. Beaupré, le livre de M. Munier-Jolain sur l'Ancien régime à Saint-Nicolas, et le Trésor du bibliophile lorrain, par M. Favier.

(2) Cet engouement des dames du XVIe siècle pour les *Heures de la Vierge*, richement reliées et ornées de miniatures, ne rappelle-t-il pas la présente faiblesse de nos dévotes pour les *missels* enluminés et fleurant bon, aux reliures de luxe, aux chiffres d'argent, éditions minuscules enfermées en de ravissants écrins bleu-pâle ou mauve et qui contiennent de si tendres oraisons, tirées en grand nombre des mystiques de tous les temps ?

Mais cette interdiction des maîtres de l'Université de Paris, défenseurs trop zélés de leurs privilèges, ne dura pas ; grâce à de puissantes influences, Gringoire sut faire lever cette censure, et dès 1528, le roi François Ier accordait un nouvel *imprimatur* au livre mystique de « Monsieur le Hérault d'armes de notre très cher et très amé cousin le duc de Lorraine. »

La nouvelle édition des Heures de Notre-Dame fut accompagnée de magnifiques *chants royaux* où Gringoire devient lyrique et s'élève à une grande majesté de pensée et à une grande délicatesse de forme.

L'ouvrage de Gringoire fut réimprimé bien des fois au XVIe siècle ; on en connaît une dizaine d'éditions, avec de remarquables vignettes, souvent satiriques, œuvres apparemment d'un artiste lorrain, puisqu'on y remarque une croix de Lorraine.

Les Heures de Notre-Dame en vers français furent, de tous les livres de Gringoire, celui qui eut le plus de vogue et fut le plus souvent réimprimé. Un siècle après sa mort, les libraires parisiens et lyonnais en écoulaient encore auprès de leur pieuse clientèle.

La plupart des éditions des Heures de Notre-Dame sont suivies de *Chants royaux sur la passion du Christ*, ouvrage mystique, sorte de méditation versifiée avec des élancements de l'âme et des oraisons dévotes, des sujets de contemplation et des considérations tirées des exégètes et des Pères de l'Eglise.

A cette époque de la vie de Gringoire, se rattachent encore d'autres œuvres mystiques et morales :

Le *Testament de Lucifer*, et la *Complainte de la Cité chrétienne*, faite sur les lamentations de Jérémie.

On remarque dans cet ouvrage, sans date précise, une gravure représentant la ville de Nancy vers 1520.

J'en aurai fini avec cette période de la vie de Gringoire, quand j'aurai signalé, avec la *Paraphrase des psaumes de David*, œuvre publiée seulement en 1541 après la mort du poète, le *Blazon des Hérétiques* et les *Notables enseignements, adages et proverbes*.

Le *Blazon des Hérétiques* est une des pièces les

plus rares de Gringoire ; en 1832, un bibliophile chartrain, M. Hérisson, en a donné une réimpression *facsimile*, tirée seulement à 66 exemplaires. J'ai pu consulter une de ces rarissimes plaquettes, ornée d'une curieuse gravure, très satirique toujours, et qui montre bien que notre poète, devenu rangé, avait conservé toute sa verve gouailleuse de lorrain.

La Réforme venait de paraître en Allemagne et déjà elle grandissait dans ce pays si divisé, au grand désespoir des papes, des rois de France et des ducs de Lorraine.

Cette sorte de révolution sociale se rapprocha bientôt de la Lorraine. Les paysans allemands se jetèrent sur l'Alsace en annonçant qu'ils venaient conquérir la France aux doctrines de Luther et détruire toute l'ancienne société. Ils étaient plus de cent mille. Le duc Antoine se mit à la tête de ses chevaliers et rejeta de l'autre côté du Rhin ces nouveaux envahisseurs de la catholicité.

Gringoire, héraut d'armes du duc de Lorraine, participa lui-même à cette campagne, dans laquelle il faillit périr. Il avait composé, au début de la guerre des Rustauds, un assez long poëme, qu'il intitula le *Blazon des Hérétiques* et qui est une véritable profession de foi catholique.

Ce morceau de poésie religieuse est important au point de vue de la biographie de Gringoire, car il montre parfaitement la tournure de son esprit et ses idées chrétiennes.

C'est en 1524, le 21 décembre, que parut le Blason des Hérétiques. imprimé à Paris, véritable Somme théologique en 900 vers de toutes les hérésies qui se sont levées dans l'Eglise de Dieu depuis Simon le Mage jusqu'à Luther.

Cette lecture est bien indigeste et ce traité de pure théologie dogmatique ne montre guère que la science historique du héraut d'armes de Monsieur le Duc de Lorraine. On n'y trouve plus cette verve caustique, ce souffle poétique du Mystère de saint Louis ; l'auteur se traîne péniblement, cherchant à mettre en vers passables un *compendium* d'histoire ecclésiastique, très pratique pour les érudits ou les clercs, mais qui dut souverainement déplaire aux bonnes gens qui s'arrachaient les précédentes œuvres de Gringoire. On sent, en parcourant ce traité monotone, que l'aimable Enfant Sans-Souci est devenu un grave professeur de séminaire, dictant à ses élèves un cours contre les hérésiarques, avec le nom, le lieu, la date, la définition, les conséquences, les prémisses et les conclusions ; une vraie scolastique enfin.

Je citerai peu de chose de ce traité, qui pourtant consacra en Lorraine et dans le monde catholique la gloire d'un nouveau prophète. Gringoire le dédia à « très illustre, très haut et très redouté prince Anthoine, duc de Calabre, Lorraine et Bar, Marchis, Marquis du Pont ». Dans la dédicace, Gringoire se dit compilateur de cette épître et conclut par ces vers :

> Gardons-nous bien de corrompre la loy,
> Reconnaissons notre Dieu qui l'a faite,
> Et disons : Foi pour nous sauver suffit.

Le professeur d'histoire ecclésiastique que devient Gringoire en ce mystique traité, a compté jusqu'à 48 célèbres hérésiarques, dont il raconte la vie et les forfaits.

Tour à tour nous voyons passer Simon le Mage, Ménandre qui soutenait que « les saints cieux ont été faits et bâtis par les anges », — Basilide qui « dist que Jhesus n'avait en rien souffert dessus sa croix », « Ung Nicolas en Jherusalem qui eust en mariage une femme sienne, qui belle estoit et en ordonna si lâchement qu'à tous l'abandonna », — les Goustici ou gnostiques, les Carpocratiens, Cerinthus, juif d'Antioche, « disant qu'après la résurrection nous serions en volupté charnelle encore mille ans », — les Ophites, Valentinien le fol, « soutenant que le Christ était un véritable et pur homme, et qu'il avait, comme par un canal passé dedans le ventre virginal de l'humble vierge et très sainte pucelle. »

Voici des objurgations et des anathèmes contre Marcion et Novatien, Manès et les Manichéens, surtout contre le fameux Arius. Mais pour punir ce « faux hypocrite, aimant trop la terre,

> Ung concile fut
> A Nicée, de compte fait il y eut
> Trois cent dix-huit évêques, gens notables,
> Saints glorieux, prudents et charitables,
> Dont saint Silvestre avait fait un amas,
> Qui l'Arius rendirent contumax.

J'en passe de très nombreux, aujourd'hui bien oubliés pour arriver à Mahomet et à Luther, les deux bêtes noires de l'exégète versificateur.

Mais tous ces vilains hérétiques sont morts misérablement et Gringoire fait brièvement leur oraison funèbre en les traitant : « de pervers, ords et puants. »

> Au temps présent voyons Martin Luther,
> Contre l'Église et la foi Christ lutter.
> Collecteur est d'hérésies passées,
> Et en a fait volumes plus que assez.

La diatribe contre Luther se poursuit très violente jusqu'à la fin du traité. Évidemment le duc Antoine, ce héros de la dernière croisade catholique dut être satisfait de ce poëme qui exaltait l'église de Rome et combattait la Réforme naissante et déjà victorieuse.

Gringoire s'adresse à son maître en terminant ; il lui offre ce traité qu'il a composé à sa prière :

> De mon écrit te plaise être content,
> Mettant ce dit et proverbe en mémoire :
> Garder la foi est chose méritoire.

En 1527, Pierre Gringoire publie un nouvel ouvrage moitié moral, moitié mystique, sorte de cours de philosophie en apophtegmes, traité de théologie morale en vers français. La Bibliothèque de Nancy, a un exemplaire de ce piquant travail : « *Notables enseignemens, adages et proverbes*, faits et composez par Pierre Gringore dit Vauldémôt, hérault d'armes de hault et puissant seigneur monsieur le duc de Lorraine, nouvellement reveuz et corrigez avecqs plusieurs aultres adioustez oultre la précédente impression. Avec privilège du roy nostre sire. » On les vend en la grande salle du Palays au premier pillier, en la boutique de Galliot du pré, marchand libraire juré de l'université de Paris.

A la fin du volume, on voit la marque typographique de Galliot du Pré ; une barque conduite par de petits rameurs coiffés de capuchons, avec la légende : *Vogue la guallée*.

Il ressort du privilège mis en tête de cette édition et daté du 15 novembre 1527, que le roi de France écrivit à Gringoire au sujet de ce traité, pendant un voyage du poète à Paris.

Une gravure bien intéressante pour l'iconographie de Gringoire, est placée après le prologue. Gringoire à demi agenouillé devant un prince, lui offre un riche exemplaire de son œuvre. Il porte le costume officiel de héraut d'armes, avec l'écusson lorrain sur la poitrine.

Ce traité renferme plusieurs milliers de vers, près de 5000, partagés en strophes de 4 vers.

Dans le prologue, Gringoire dédie son livre au duc Antoine.

> Très vertueux et puissant duc Antoine,
> Prince et seigneur de Calabre et Lorraine,
> Aussi de Bar, Vauldémont ton hérault
> En fait présent à ton pouvoir très hault.

Voici quelques courts extraits de ce long poème moral :

> Il est requis à tous jeunes enfants
> Porter honneur à gens de l'ancien âge,
> Et refrener voluptueux ouvrage ;
> S'ils veulent être aux saints cieux triomphans.

Qui porte habits riches, pleins de bombances,
Il doit parler selon son vêtement,
Ou se vêtir selon son parlement,
On juge gens à voir leurs contenances.

Un grand vanteur qui dit qu'il tue et bat
Et qu'il ne craint en ce monde nul homme ;
Un petit homme aucunes fois l'assomme,
Petite pluie ung fort grand vent abat.

L'un se marie en hâte et l'autre tard.
Bienheureux est qui prend en mariage
Femme qui est riche, belle et bien sage,
Mais peu advient trouver un tel hasard.

Peser les cœurs des hommes Dieu advise.
En les pesant, il connaît leur vouloir,
Par ainsi sait combien peuvent valoir,
Comme un marchand pesant sa marchandise.

Aucuns on voit emprunter par finesse,
Qui sont bailleurs de bourdes en paiement :
Quand Pathelin, au jour du jugement
Payera son drap, ils tiendront leur promesse.

Je ne connais si grand péché qu'envie,
Ni telle vertu qu'honnête pauvreté,
Mais celui n'a sans cesse pauvre été,
Quand il a eu un bon jour en sa vie.

Qui se marie, aucuns l'estiment fol,
Mais plus fol est qui marie ou allie
Sa fille à fol quand connait la folie,
Tous mariés ont au col le licol.

Amitié est un grand bien en effet,
Un très grand mal, il advient d'amour folle,
Plusieurs amis on trouve de parolle,
Mais, à grand'peine, on en trouve un de fait.

A singe vieux n'apprends faire la moue,
Ni à procureur, fraude et déception,
Ni à gens cruels ce qu'est vindication,
Ni à flatteurs comment les gens on loue.

Livres avoir à grande multitude,
Et sans cesser avoir les yeux dessus,
On voit plusieurs étudiants déçus,
Fol on devient par trop hanter l'étude.

Aux jeunes gens qui sont d'amours épris
Tendre leurs lacs, femmes frêles ne cessent,
On n'y prend que ceux qui les connaissent,
Et ceux aussi qui veulent être pris.

Mariage est un difficile mets,
Car qui le veut sans le bien goûter prendre,
Pour un petit de repos, il engendre
Un grand labeur qui lui dure à jamais.

Je t'avertis si marier te veux,
D'avoir regard si la mère est mobile,
Car bien souvent telle mère, telle fille,
N'entre en prison quand garder tu t'en peux.

Conclusion. *Raison par tout.*

Remède très utile pour le corps et l'âme d'un chacun.

Lever matin pour bon commencement,
La messe ouïr à jeun dévotement,
Donner pour Dieu selon son aisement,
Entendre au sien et vivre sobrement,
Courroux fuir, souper légèrement,
Gésir en haut : dormir écharcement (*peu*)
Loin de manger, se tenir nettement,
Font l'homme riche et vivre longuement.

Qui prête, non ra,
S'il ra, non tôt,
Si tôt, non tout,
Si tout, non tel,
Si tel, non gré :
Or te garde donc de prêter.

Je ne veux point m'appesantir outre mesure sur ce **traité moral** de Pierre Gringoire. C'est un recueil de milliers de proverbes et de sentences, d'adages tirés de la sagesse populaire, des moralistes et des livres sacrés.

C'est un amalgame de choses plaisantes et sensées, des mots qui souvent frappent juste et peuvent servir en tous les temps et tous les pays et à tous les âges.

L'auteur termine son long poëme par des considérations philosophiques sur les princes, la justice et les femmes. Il n'est pas tendre pour ces dernières, et l'on sent ici encore plus qu'ailleurs, qu'il n'avait pas dû être heureux en son tardif mariage.

Dans ces productions mystiques et morales, si Gringoire a dépouillé son ancienne gauloiserie, il a gardé tout son bon sens et sa causticité. Plus qu'ailleurs encore, il a mis en pratique sa devise littéraire : *Raison partout, Partout raison, Tout par raison !*

CHAPITRE VI

Gringoire héraut d'armes du duc de Lorraine
(1518-1539)

> « *Ils criaient : Prinv, Priny,*
> « *L'enseigne au riche duc Ferry.*
> « *Marchis entre les trois royaumes !* »

Après la mort de René II, vainqueur de Charles le Téméraire, le 10 décembre 1508, son fils aîné, Antoine de Lorraine lui succéda et monta sur le trône ducal à Nancy, le 13 février 1509. Antoine était né au château de Bar, le 4 juin 1489 ; sa mère, Philippe de Gueldres, 2e femme de René II, l'avait fait élever soigneusement et son éducation militaire et littéraire n'avait pas été négligée à la cour de France, par ses gouverneurs, Erard de Dommartin et Louis de Stainville.

En l'année 1507, alors qu'il n'était encore que marquis du Pont (1), il se mit au service du roi de France, Louis XII et l'accompagna en Italie.

Antoine, élevé à Paris, traité par Louis XII comme un vrai fils, était l'un des princes les plus accomplis de son temps. Jeune encore, il n'avait pas vingt ans à la mort de son père, il considérait la France comme une seconde patrie, une alliée fidèle à la défense de laquelle il se consacra durant toute sa vie.

---

(1) Un beau portrait d'Antoine, marquis du Pont, fait pendant à celui de René II, dans les hautes baies absidales de la basilique de Saint-Nicolas de Port. On peut voir aussi dans l'église de Vézelise, ancienne capitale du comté de Vaudémont les portraits d'Antoine et du cardinal Jean, son frère.

Il ne faisait en cela que continuer la tradition de ses ancêtres.

De tout temps, les Lorrains avaient été de grands batailleurs au service de la France. Le duc Raoul, en particulier, cette admirable figure d'héroïsme guerrier, est bien le type des ducs paladins qui occupèrent le trône de Lorraine jusqu'à René II. « Il fait la guerre aux Anglais avec Philippe de Valois, puis au moment de la trêve, il reçoit un appel du roi de Castille pour combattre les Maures d'Espagne. Il saisit aussitôt une si belle occasion de s'illustrer. Il prend congé du roi de France, et voilà qu'une petite armée lorraine chevauche à travers la France, à travers l'Espagne, par plaines, par monts, de jour, de nuit et arrive assez tôt aux confins de l'Europe pour prendre sa part de coups de lances et de glorieuses victoires. Puis la guerre recommence en France contre les perfides anglais ; Raoul y mène ses braves lorrains, et trouve à Crécy la mort la plus glorieuse :

> « Si mourut, n'en soit reproché :
> « Trouvé fut le plus approuché
> « Des anglais ».

Cet exemple de Raoul et de ses vaillants successeurs, était bien fait pour encourager le jeune duc de Lorraine, qui venait de recueillir le glorieux héritage de son père, René II.

L'année même de son retour en Lorraine et de son intronisation solennelle, Antoine reprit les armes et se rendit à l'appel de Louis XII dans l'expédition contre les Vénitiens.

Le 8 mars 1509, accompagné de 50 gentilshommes, richement harnachés, il quitta Nancy et le 14 mai, combattit aux côtés du roi de France à la bataille d'Agnadel où triompha la valeur française.

Un vieil auteur du XVIe siècle, Claude de Seyssel, parle en ces termes élogieux de la bravoure d'Antoine et de ses preux ;

« Il y avait au surplus le duc de Lorraine que les

siens appellent Roy de Sicile, lequel était conjoint de semblable amitié, confédération et observance à la couronne de France, et au dit roi Louis : mais davantage était son vassal et sujet, à cause du duché de Bar et de plusieurs autres terres, qu'il tenait en France.

A la bataille d'Agnadel, l'ordre fut tel :

En premier lieu le Roy ; — En après, Monseigneur Antoine, duc de Calabre, de Lorraine et de Bar, avec ses gentilshommes en son 20e an. Lesquels étaient au nombre de 50, accoutrés tous d'une couleur, portant des saies de damas parties de ses couleurs, jaune, blanc et bleu, et semées de grandes croix de Jérusalem, et ayant sur leurs harnais doubles croisettes de Lorraine.

Cet Antoine, à tout ce qu'il a plu au Roi très-chrétien, comme fidèle et bon ami de la fleur de lys, a obtempéré et jamais n'a délaissé la présence royale. »

Louis XII fut si content de la bravoure du duc de Lorraine et de ses gentilshommes, qu'il en témoigna publiquement sa reconnaissance au jeune prince, et qu'il arma chevaliers, de sa propre main, tous les seigneurs lorrains.

A son retour au pays, Antoine, comme ses prédécesseurs, vint rendre grâces à saint Nicolas, dans son sanctuaire national de Saint-Nicolas de Port, que faisait alors reconstruire sur des plans magnifiques le curé du lieu, Simon Moycet.

Au sacre de François 1er dans la métropole de Reims, le duc de Lorraine remplit une fonction importante, celle que son père René II avait déjà exercée le 27 mai 1498 au sacre de Louis XII : il assista le roi consacré comme l'un des douze pairs du royaume, sous le titre de pair du duché de Normandie.

Elevé en France, à la cour de Louis XII, Antoine devait nécessairement s'allier à une princesse de la maison royale.

Le 15 mai 1515, au château d'Amboise, le jeune duc épousait une princesse française, sœur du connétable tué devant Rome, Renée de Bourbon, dont le souvenir est cher encore aux cœurs lorrains, et dont les vertus et les éminentes qualités jetèrent un vif éclat durant toute la première partie du XVIe siècle. C'est à Renée, la bonne duchesse que la Lorraine est redevable de tant d'admirables monuments ; c'est elle qui encouragea les artistes de tout genre qui rendirent si brillantes les trente-cinq années du règne de son époux et qui donnèrent à la cour de Nancy cette réputation d'élégance, de bon ton et de savoir qu'elle conserva jusqu'à la mort de Stanislas. En dehors de sa participation aux premières guerres d'Italie et de son expédition contre les Rustauds, Antoine fut un prince de paix, aimant l'étude, le faste, les cérémonies grandioses, les savants, les artistes, les poètes et les historiens.

Aussi, quand après des déboires qui nous sont restés en partie inconnus, après des luttes contre les comédiens d'Italie qui voulaient dominer à Paris, après surtout les entraves apportées aux libertés du théâtre par les décrets de François Ier, Gringoire manifesta le désir de quitter la capitale de la France et de revenir en son pays, y fut-il accueilli avec enthousiasme par ses concitoyens et avec les plus grands honneurs par le duc de Lorraine.

Louis XII, l'ami et le protecteur de Gringoire, était mort le 1er janvier 1515, peu de mois après son troisième mariage avec une princesse anglaise, « *la haquenée d'Angleterre* », comme disaient plaisamment les courtisans.

Il semble que les premières années du règne de François Ier n'aient pas été bien favorables à notre poète. Tout entier à la Renaissance italienne, occupé d'ailleurs à soutenir sa terrible lutte contre Charles-Quint, le gendre de Louis XII qui venait de ceindre la couronne des Capétiens, laissa tomber ces représentations populaires qui avaient tant amusé son prédécesseur et le bon peuple de Paris.

Vainqueur à Marignan en compagnie d'Antoine de Lorraine et de son valeureux frère, Claude de Guise, le roi de France entamait alors avec Léon X les négociations d'un nouveau Concordat, que dans sa bienveillance pour Antoine, le pape voulait étendre à toute la Lorraine, — offre qui fut déclinée généreusement par le prince chrétien.

En présence de tous ces évènements, Gringoire résolut de revenir en son pays natal. L'âge était venu avec la gloire ; c'était un personnage déjà mûr, et si la ville de Paris continuait à réclamer son concours dans les fêtes officielles du royaume, il sentait bien que sa place n'était plus dans ce tourbillon, et qu'une honorable retraite lui conviendrait désormais.

Or, le 15 février 1517, Renée de Bourbon accoucha d'un prince à Bar-le-Duc. Le duc Antoine offrit au roi de France d'être le parrain de son fils premier-né. François Ier accepta et se rendit à Bar avec une suite nombreuse de seigneurs et de courtisans. Gringoire était du cortège, et c'est là probablement que le duc Antoine lui fit part officiellement de son intention de le prendre à sa cour, et de lui donner la charge importante de héraut d'armes.

Le duc de Lorraine, élevé à la cour de Louis XII, avait connu à Paris son illustre compatriote (1) : il avait suivi avec intérêt ses représentations, et toujours désireux de savoir, avait lu ses poésies satiriques et philosophiques. La proposition du prince n'était donc pas faite pour surprendre notre poète.

Pierre Gringoire, avant d'accepter cette offre avantageuse, informa le duc d'un dessein qu'il avait formé, celui de prendre femme. Antoine acquiesça volontiers à ce projet, et Gringoire fut l'un des plus gais convives de ces fêtes de Bar-le-Duc, que l'historien

---

(1) On lit dans les comptes des trésoriers de Lorraine (1508) : « Sommes données par mandement du duc à la dame des putains et à sa séquelle, qui sont venus présenter le mai au duc de Calabre (le duc Antoine) à Paris, et aux enfans Sans-Souci de Rouen et de Paris qui ont joué une farce devant lui. »

Volcyr nous a décrites avant tant de complaisance et de détails pittoresques.

On n'était pas malheureux à la cour de Lorraine; outre les cérémonies officielles, les cortèges historiques, les costumes éblouissants, les riches présents et les représentations scéniques — triomphe de Gringoire et de Songe-Creux — les banquets quotidiens des simples gens de cour nous paraissent aujourd'hui de véritables festins pantagruéliques.

Qu'on en juge par le menu suivant, tiré de la fête donnée à Bar-le-Duc à l'occasion du baptême du jeune François de Lorraine.

ENTRÉE

Hypocras blanc avec rôtis, hérons froids.

VINS

Bourgogne, clairet vieux et nouveau, Ay nouveau, vin blanc de Bar-sur-Aube, vin clairet de Bar, vin bâtard de Malvoisie.

PREMIER SERVICE

Saucisses, côtelettes de porc, perdrix aux choux, pâtés d'anguilles.

DEUXIÈME SERVICE

Chapons bouillis, blancs de veau, ventre de veau, pâtés à la sauce chaude, cuisses de chevreuil chaudes, perdrix à l'orange.

TROISIÈME SERVICE

Lapins à la trimolette, gelinettes de bois, cochons rôtis, oies sauvages, cuisses de chevreuil froides, pâtés de filet de chevreuil tièdes, avec olives et câpres.

QUATRIÈME SERVICE

Hérons et butors, canards à la dodine, chapons à la cameline, bécasses et vanneaux, pâtés de venaison.

CINQUIÈME SERVICE

Bœuf salé, hauts côtés de mouton, pâtés de canards, gelée de cochon, gelée de cour en deux sortes : rouge et jaune, pieds, groin et oreilles de cochon au son.

DESSERTS

Tartes d'Angleterre, tartes de crème, tartes de quoiches, châtaignes et poires cuites, fromage plaisantin, fromage de gain, etc., etc.

Après d'aussi abondantes ripailles, les convives pouvaient en toute quiétude écouter les pièces amusantes et satiriques de Pont-Alais et de Gringoire.

Ces *maîtres farceurs* firent les délices de plusieurs cours de ce temps-là, et dès 1515, nous voyons Jehan du Pont-Alais ou de l'Epine, donner des représentations en Lorraine. C'est peut-être l'origine des célèbres tournées parisiennes en province.

En 1515, Jehan dit Songe-Creux joue diverses moralités à Neufchâteau devant le duc Antoine, qui donne à l'artiste et à « ses complices » 40 livres pour récompense.

En 1519, il passe vingt-quatre jours à Nancy, attiré par Gringoire, jouant farces et autres choses ; il reçoit pour cette longue tournée 80 francs du duc de Lorraine.

En 1523, on le retrouve à Bar, pendant le carnaval, puis en 1524, le 10 novembre, il donne avec Gringoire, aux fêtes du baptême du prince Nicolas, une farce intitulée : *Mal me sert, Peu d'aquest et Rien ne vault !*

Un chroniqueur contemporain affirme que «la feste a esté grandement esjouie et moult belle par Songe-Creux et ses complices, qui, nuit et jour, jouaient farces vieilles et nouvelles, rebobelinées et joyeuses à merveille. »

Les fêtes de Bar terminées après le baptême du jeune François de Lorraine, Pierre Gringoire reprit le chemin de la France et de Paris, à la suite du roi François Ier. Il avait maintenant grand'hâte de terminer ses affaires et de s'entendre avec tous ses libraires, avant son départ définitif pour la cour de Lorraine.

Mais, avant de quitter Paris, avant de laisser cette compagnie des Enfants Sans-Souci qu'il avait illustrée et relevée, Gringoire voulut accomplir une action importante, il résolut de se marier.

Celle qu'il épousa, était-elle jeune, mûre ou déjà sur le retour? L'histoire ne nous le dit pas. Ce que nous savons, c'est que le 30 mai 1518, l'église Saint-Jean en Grève, à Paris, fut envahie par toute la corporation des Sots qui venaient assister au mariage de Maître Pierre Gringoire, dit Méresotte, avec noble damoiselle Catherine Roger. J'imagine que les spirituels Enfants Sans-Souci durent agréablement plaisanter leur chef, déjà rassis, lui qui, dans toutes ses œuvres, n'avait cessé de critiquer les travers des femmes et de plaindre les malheureux engagés dans les liens du mariage.

Sans doute que dame Catherine sut plaire au satirique railleur par des qualités exceptionnelles; Gringoire ne souffle mot de son épouse, dans ses œuvres subséquentes, mais à voir ses jérémiades et ses récriminations sur les femmes et l'hyménée, il est grandement à supposer que ce mariage tardif ne fut pas heureux. Une seule allusion à ce mariage se remarque dans les œuvres de Gringoire. Un mari parle de sa femme et s'écrie :

> Treize deniers l'ai achetée.
> Mais par ma foi, c'est trop vendu,
> Qui, pour ce prix me l'a baillée,
> Que par le col il soit pendu.

Une fois marié, Pierre Gringoire dit adieu à ses gais compagnons, résigna ses fonctions officielles et rendit à la Ville de Paris la maison qu'il habitait au bout du pont Notre-Dame. Avant son départ la corporation des Sots lui donna un successeur dans la dignité de Mère-Sotte ; ce fut Antoine Caillé.

Néanmoins il promit de revenir quand les loisirs de sa charge le lui permettraient ; et nous verrons que les voyages à Paris se succèderont assez nombreux, soit pour mission diplomatique, soit pour affaire de librairie et de nouvelles éditions. Le 5 avril

1518, Pierre Gringoire recevait son brevet de huissier ou héraut d'armes de la cour de Lorraine :

« Retenue de huissier d'armes en l'hôtel de Monseigneur le Duc pour Pierre Gringoire qui est expert et compositeur de livres, moralités, dictiers notables en rime, dont il a donné récréation et passe-temps à mondit seigneur le Duc... pour soy servir de luy audit office aux gages, audit office appartenant, ainsi que, autres huissiers de pareille retenue ont accoutumé avoir du passé, tant qu'il plaira à mondit seigneur. »

Les gages annuels du nouvel officier de cour furent fixés le 21 novembre 1518 à 72 francs, monnaie de Lorraine. (1) Mais le duc Antoine ajouta diverses libéralités, notamment le 26 octobre 1518 un don de dix florins, et le 2 juillet un accoutrement complet de héraut d'armes, avec une paire de chausses, évaluées deux francs par le tailleur ducal, Jean de Trèves. Le même tailleur fournit aussi par ordre un pourpoint de futaine, d'une valeur de deux francs, et le 13 décembre 1518, trois aunes un quart de drap, à trois francs l'aune, trois aunes un quart de doublure à doubler sa robe, à 12 gros l'aune, une paire de chausses, de deux francs, un pourpoint de futaine, de deux francs et enfin un bonnet de Milan simple de 22 gros.

Ainsi équipé et honorablement traité à la cour d'Antoine, Gringoire n'avait plus qu'à se mettre au courant de son nouvel office.

La cour de Lorraine, comme toutes les cours du moyen-âge, avait créé des offices multiples, donnés à des seigneurs ou à des personnages distingués. Il y avait depuis longtemps des rois d'armes et des hérauts d'armes dans les cours d'Europe. Cette charge était fort importante ; le roi d'armes avait la prééminence sur les huissiers ou hérauts d'armes : c'était comme

---

(1 Inventaire des Archives de Lorraine. B. 1021. B. 1022. B. 1023. B. 1026. B. 14. B. 5674. B. 7622. B. 989. B. 1009. B. 1026. G. 625.

le grand-maître des cérémonies officielles, tournois, pas d'armes, combats à la barrière, pompes funèbres, sacres, lits de justice, entrées solennelles, etc.

L'institution de la hérauderie remonte au XIIIe siècle. La hiérarchie était ainsi composée ; on passait d'abord par la charge de poursuivant d'armes, puis de héraut, puis de roy d'armes. La personne de ces titulaires était sacrée ; le souverain baptisait les nouveaux promus du nom d'une seigneurie, d'une ville ou d'une forteresse, en versant sur sa tête une coupe remplie de vin et d'eau, qui revenait de droit au nouvel officier. Il gardait son nom jusqu'au moment où il passait à une dignité supérieure.

Les fonctions du héraut d'armes étaient de trois sortes :

1º Les messages, les défis, les déclarations de guerre et les sommations ;

2º Les cérémonies publiques, fêtes, états, assises, joûtes, tournois, etc.

3º Le recensement de la noblesse du pays, la science la plus méticuleuse du blason, la composition des armoiries et des arbres généalogiques et les attestations et la réception dans la chevalerie.

Ce dernier rôle était alors des plus importants, car les armoiries des seigneurs ne servaient pas seulement à décorer leurs armes ou leurs palais, mais elles jouaient un rôle très grand dans la constitution civile et politique de l'ancienne France.

Aussi la plupart des traités de Blason sont-ils dus à des hérauts ou roys d'armes. Au temps de Gringoire, le héraut Sicile, du royaume d'Aragon, publia le premier ouvrage de blason imprimé : le *Blazon des couleurs*. Les poursuivants, hérauts et roys d'armes portaient les couleurs de leur prince ; ils étaient revêtus d'un costume officiel, une cotte d'armes avec, sur la poitrine, les armoiries du pays. Le nom du héraut était brodé sur cette cotte d'armes.

En Lorraine, le costume des hérauts était celui-ci : cotte d'armes aux couleurs jaune, blanc et bleu, semée de croix de Jérusalem, avec la housse du cheval ornée de croix de Lorraine.

Pour faire partie à un titre quelconque de la hérauderie, il fallait être noble du côté paternel ou du côté maternel, en Lorraine surtout où l'ancienne chevalerie formait un pouvoir distinct du pouvoir ducal, supérieur à lui en autorité et souvent en puissance.

En Lorraine, il y avait un poursuivant d'armes du titre de *Clermont*, deux hérauts d'armes, *Nancy* et *Vaudémont*, et un roy d'armes du titre de *Lorraine*.

Emond du Boullay, qui écrivit la relation des funérailles d'Antoine et du duc François se nomme partout : *Moi, Lorraine*.

Cependant on vit quelquefois des hérauts d'armes conserver leur titre de Clermont, et le titre de Vaudémont donné à de simples poursuivants.

Le rôle de ces fonctionnaires de cour était très important en temps de paix et en temps de guerre. Sans vouloir faire ici une étude sur la hérauderie en Lorraine, il faut pourtant donner les noms de quelques hérauts bien connus.

Le successeur de Pierre Gringoire fut Georges Gresset, que nous trouvons installé en 1541.

Emond du Boullay, fut fait héraut d'armes sous le titre de Clermont en 1543, et roy d'armes sous le titre de Lorraine en 1547.

Pierre Raulin en 1559, au titre de Clermont.

Didier Richier, dit Gy, fut créé poursuivant d'armes sous le titre de Clermont en 1577.

En 1586, Pierre Richier, son fils, fut fait poursuivant d'armes sous le titre de Vaudémont. La même année Balthazar Crocq, poursuivant d'armes au titre de Clermont.

En 1600, Jean Callot, père de notre célèbre graveur Jacques Callot, fut fait héraut d'armes sous le titre de Clermont.

En 1613, Jean Callot son fils, roy d'armes au titre de Lorraine. En 1666, à sa mort, son fils Jean, avocat à la Cour souveraine, lui succéda comme héraut d'armes. Balthazar Houat, greffier des assises était aussi héraut d'armes ; il a dressé de nombreuses généalogies, réunies avec le recueil officiel des trois Callot.

En 1698, Charles Herbel, gruyer de Nancy, qui avait suivi en Autriche le duc Charles V et peint ses victoires, fut fait héraut d'armes de Lorraine et Barrois par le duc Léopold ; il mourut en 1702.

Claude Charles, peintre célèbre, directeur de l'Académie de peinture et de sculpture de Nancy, succéda à Herbel le 10 janvier 1703 et fut le dernier héraut d'armes de Lorraine. Il mourut à Nancy, le 4 juin 1747. Lors de l'érection de la statue de Louis XV à Nancy en 1755, et des funérailles du roi Stanislas en 1766, M. de Nageac fit les fonctions de héraut d'armes.

Nous verrons bientôt Gringoire, en qualité de héraut, porter les ordres de son maître aux habitants de Saverne, assiégée par les Lorrains ; en temps de paix, si ce poste était honorable, il y avait aussi beaucoup à faire pour en remplir tous les offices.

Au moment même où Gringoire venait d'être nommé, on parlait de tenir les assises de la chevalerie lorraine à Nancy, et ce n'était pas une petite affaire.

Le 28 mars 1519, Messire Olry Visse, bailli de Nancy tint les assises, tribunal de la noblesse où siégaient de droit les chevaliers lorrains, issus d'ancienne noblesse. Les gentilshommes jugeaient souverainement, et les hérauts d'armes qui tenaient registre de généalogies étaient tenus de les convoquer à jour dit. Il y avait alors 291 maisons de l'ancienne chevalerie avec plusieurs représentants ou *chevaulx*.

En guerre, les poursuivants, hérauts et roys d'armes de Lorraine étaient précédés d'un soldat, appelé trompette ou cloche d'armes. C'est un des cloches d'armes de Gringoire, qui devant Saverne, fut atteint d'un boulet de fauconneau, lancé par les luthériens à l'adresse du poète.

Aux cérémonies et pompes funèbres de la maison

de Lorraine ; les hérauts d'armes avaient leur emploi déterminé. Ils étaient vêtus de cottes et portaient le caducée, et s'en allaient répétant partout : « Le duc est mort ! Le duc est mort ! »

Puis le roy d'armes ajoutait : « Le très haut, très puissant, et très illustre prince .. par la grâce de Dieu, duc de Lorraine, Marchis, duc de Calabre, de Bar, et de Gueldres, marquis du Pont, comte de Provence, de Vaudémont et Zutphen, etc., notre souverain seigneur et maître est mort. Le duc est mort ! Le duc est mort ! Priez Dieu pour son âme ! » Enfin, faisant placer les hérauts proche le trône ducal, le roy d'armes ajoutait : « Silence ! Silence ! Silence ! Le très haut, très puissant et très illustre prince .. par la grâce de Dieu, duc de Lorraine et Marchis, notre souverain seigneur et maître est mort. Sa maison est rompue. Chacun se pourvoie ! »

Nous avons quelque peu appuyé sur ces détails historiques pour bien faire voir quelles furent les principales occupations de Gringoire à la cour de Lorraine.

Est-ce à dire qu'il renonça entièrement à la poésie et aux représentations scéniques ? Ses nombreux ouvrages témoignent du contraire et le duc Antoine qui aimait si fort la lecture des vers de Gringoire, l'emmenait partout en ses voyages pour se délasser et faire représenter de bonnes farces et moralités.

Voilà donc Gringoire installé au Palais Ducal de Nancy, dès l'année 1518, avec des appointements suffisants, au milieu d'une société d'élite, poètes, historiens et artistes de tout genre.

La Lorraine était alors en paix avec ses puissants voisins ; le duc Antoine avait réussi à se concilier l'estime et l'affection de François 1er et de l'empereur germanique, Charles-Quint, et il consacrait les loisirs d'une longue paix à embellir sa capitale et les villes de son duché, en même temps qu'à s'entourer d'une véritable académie d'artistes et de grands hommes. Au Palais Ducal même, où Mansuy Gauvain achevait la célèbre Porterie et la statue équestre d'Antoine, le duc avait établi une sorte de réunion littéraire. Volcyr et Gringoire y parurent souvent et lurent des pièces inédites. Volcyr appelait cet appartement : « notre chambre secrète, propice à littérature, tant en latin qu'en français. »

C'est là qu'était la Bibliothèque palatine avec des livres manuscrits ou imprimés : les livres de Jean Gerson, reliés et enluminés, les œuvres de Boccace, les Chroniques de Jehan Froissart, achetées 3 florins d'or à un libraire de Bar en 1505, les Histoires de Sabelli, et la Géographie de Strabon, des bibles, des bréviaires, un surtout en parchemin blanchi, dégraissé et relié pour 4 florins d'or par messire Pierre Jacobi, demeurant à Saint-Nicolas ; — un diurnal, copié par François Elzévir, écrivain, mis par Petit Jehan, l'orfèvre de Nancy, dans des fermillons d'or pour 10 florins du Rhin, la Nancéide de Pierre de Blarru, les œuvres complètes de Gringoire, en imprimerie, et quantité de belles images sur parchemin.

La Salle des Cerfs, où se tenaient les Etats de Lorraine (aujourd'hui Musée lorrain) servit aussi plusieurs fois aux représentations données par Gringoire et les artistes qu'il faisait venir à la cour.

Ces pièces comiques amusaient énormément les invités, et pendant toute la durée de sa charge, Gringoire suivit le duc dans toutes ses résidences, à Vézelise, à Lunéville, à Saint-Nicolas, etc., pour y faire jouer des farces et des moralités.

On lit dans les comptes des trésoriers : « Sommes payées à Gringoire et à ses complices pour certains habillements de mômeries faits au gras temps (au carnaval). »

« Sommes payées à ceux qui ont joué le mystère à la Pentecôte. »

« Sommes payées à Mère-Sotte (Gringoire) pour dépenses qu'il a soutenues en accoutrements pour jouer farces devant le duc ; — au même pour sa dépense et d'autres qui furent boutés hors de Lunéville, à cause de l'inconvénient de peste survenu en leur logis, — à Songe-Creux et à ses complices en considération de passe-temps qu'ils ont donné au duc en jouant farces et autres choses. »

Gringoire, s'il regrettait un peu la capitale, ne devait donc pas s'ennuyer à Nancy. Cette ville était alors un vrai centre littéraire et artistique : c'était le temps des Pierre Jacobi, des Ligier Richier, des Mansuy Gauvain, des Basin, des Pierre de Blarru, des Gauthier Lud, des Simon Moycet, Hugues des Hazards, Symphorien Champier, Voleyr, Philesus, Chuppin, Crocq, Hugues de la Faye, Laurent Pillart, Richard de Wassebourg, etc.

L'imprimerie avait pénétré en Lorraine dès la fin du XV° siècle, et le premier monument typographique, daté de 1503, est sorti des presses de Pierre Jacobi, à Saint-Nicolas de Port.

Cette petite ville n'avait pas encore toute l'importance qu'elle devait acquérir au XVI° siècle sous Charles III ; mais elle possédait des hommes éminents qui allaient l'élever au premier rang des cités lorraines.

C'était le grand Simon Moycet, ce prêtre incomparable qui, sur des plans gigantesques, construisait l'admirable édifice qui nous reste aujourd'hui ; c'était Pierre Jacobi, l'introducteur de l'imprimerie en Lorraine, c'était le savant poète Pierre de Blarru, le chantre enthousiaste de la bataille de Nancy et de la victoire de René II ; c'était l'érudit chanoine Jean Basin de Sandaucourt ; c'était enfin Pierre Gringoire, l'ami et souvent le commensal de ces esprits distingués (1).

Souvent, en effet, il quitta Nancy en compagnie d'Antoine et de Renée de Bourbon, pour venir saluer dans son nouveau temple le patron de la Lorraine :

(1° On lira avec plaisir sur les relations de Gringoire à Saint-Nicolas avec Moycet, Jacobi et Blarru, la jolie nouvelle publiée par H. Lepage dans ses Fleurs lorraines : *Les trois Pierre*.

souvent aussi, il y vint seul apporter à Moycet les libéralités du duc Antoine, l'un des premiers bienfaiteurs de l'église de Saint-Nicolas après son père, René II.

Enfin, les bourgeois de Saint-Nicolas n'hésitèrent pas à inviter plusieurs fois la cour de Nancy à venir assister à de brillantes représentations dont le répertoire de Gringoire faisait tous les frais. Ordonnateur des fêtes de la cour, Gringoire accompagna souvent son maître dans ses tournées, à Vézelise, dans le pittoresque château des comtes de Vaudémont, à Lunéville, à Deneuvre, à Bar-le-Duc, à Saint-Mihiel, à Toul et à cette fameuse entrevue du Camp du Drap d'Or en 1520, entre les rois de France et d'Angleterre, entrevue où la cour de Lorraine fit si brillante figure et qui fut couronnée de succès grâce à l'habile diplomatie d'Antoine et à ses bons soins et « beaux parlemens. »

Alors aussi, à côté des historiens et des poètes qui célébraient les hauts faits des ducs de Lorraine, alors on vit d'éminents architectes, d'habiles sculpteurs terminer les grandes basiliques gothiques de Metz, Toul et Saint-Nicolas, les ravissantes églises de Vézelise, de Blénod, bâtie aux frais de Hugues des Hazards, l'un des plus illustres évêques de la cité des Leuquois, du prieuré de Varangéville, etc., etc.

C'était comme une vie nouvelle pour la Lorraine aux premières années de ce XVIe siècle, qui devait être un siècle de paix et de gloire, avant les effroyables malheurs et les désastres du règne du Charles IV.

Dès l'année 1519, Gringoire est tout entier à son office ; il préside à Bar les réjouissances du carnaval et « par le commandement de Monseigneur, achète trente une aulnes frisé vert pour faire six accoutrements et six bonnets de mômeries. »

La même année, il retourne à Paris aux frais du duc, qui lui fait donner 20 florins pour le défrayer en son voyage. Justement la peste sévissait en Lorraine, car les magistrats de Nancy, pour divertir ceux qui n'avaient pu fuir le fléau, imaginèrent de faire jouer du tambourin par les rues de la cité.

Ces apparitions de la peste furent fréquentes à Nancy au temps où Gringoire y vécut.

Nous la voyons successivement apparaître en 1505, 1508, et 1517, puis en 1519, 1521, 152?, 1525, 1527, et surtout en novembre 1529, où l'on fit à Nancy une procession publique dans laquelle on porta le *Corpus Domini* et le *couxa* (le cuissal) de saint Georges, pour la maladie chaude et autres adversités.

L'absence de Gringoire fut de très courte durée ; il revint à Lunéville donner une représentation à la cour, et accompagna son maître dans l'expédition contre les paysans allemands qui s'étaient emparés de la petite ville de Saint-Hippolyte, grâce à leur chef, le fameux aventurier François de Sickingen. A cette occasion, le héraut d'armes reçut une somme de 50 florins d'or pour l'achat d'un courtault.

Bientôt le duc, satisfait des bons services de Gringoire augmenta ses gages ; en 1520, il reçoit 83 francs 4 gros pour dix mois ; en 1521, 120 francs, sans compter de généreuses libéralités, consignées dans les comptes annuels des trésoriers de Lorraine. Dans ces comptes, Gringoire est qualifié indistinctement de Mère Sotte, Vauldémont, Pierre Gringoire, et Gringoire dit Vaudémont. Les comptes des années suivantes mentionnent diverses notes concernant Gringoire :

« Pour deux espinettes que Monseigneur a fait acheter par Mère-Sotte, dix écus d'or au soleil. — Deux sommes de 10 écus d'or au soleil, données à Mèresotte, pour son voyage à Paris. — 50 francs pour subvenir à ses nécessités en 1521. — 20 francs en 1525, pour subvenir à son entretènement. — 60 francs en 1527, pour aider à ses nécessités — en 1528, blé délivré à Pierre Gringoire, héraut d'armes du duc, que celui-ci lui a donné pour subvenir à l'entretènement de son ménage. »

C'est en 1521 que Gringoire composa la majeure

partie des pièces qui forment le recueil des *Menus propos*, et le fameux *Testament de Lucifer* :

> Dormant un jour, fus si fantasieux,
> L'an mil cinq cent vingt et un en octobre,
> Dedans Nancy. . . . .

L'année suivante, notre héraut d'armes commença sa traduction poétique des *Heures de Notre-Dame* dont une élégante édition latine avait paru à Saint-Nicolas en 1503, chez Pierre Jacobi.

Le duc Antoine, à cette occasion, lui fit compter la somme de 20 écus d'or au soleil, (23 mars 1522). En 1523, Gringoire fut chargé officiellement par le duc de Lorraine de remettre un présent au prédicateur du carême à Nancy. Ce présent est assez étrange : « A Pierre Gringoire, héraut d'armes... 13 écus d'or au soleil à lui payées pour un cheval qu'il a baillé de l'ordonnance de Mgr le Duc au beau père qui a prêché le *kauresme* l'année présente devant lui et Madame la Duchesse. »

Le 10 novembre 1524, eut lieu à Bar-le-Duc la cérémonie du baptême du second fils d'Antoine, le prince Nicolas.

Gringoire y tenait son rang dans le cortège, complaisamment décrit par Volcyr : « Après, douze grands seigneurs, tête nue, tous chambellans et écuyers d'écurie dudit seigneur duc, portant chacun en la main un flambeau de cire vierge.

Depuis étaient les poursuivants et hérauts vêtus de cottes d'armes à la manière accoutumée, assavoir : Clermont, *Vaudémont* et Nancy, auprès desquels marchait en grosse pompe et gravité Messire Girard de Haraucourt, sieur d'Ormes et sénéchal de Lorraine, tête nue, tenant un bâton blanc en sa main, représentatif du sceptre royal et excellente principauté d'Austrasie, par droit héréditaire, appartenant audit prince d'amour et de paix (le duc Antoine). »

Après la cérémonie religieuse dans la collégiale de Saint-Maxe, le cortège revint au château et les hérauts parurent dans la cour d'honneur, et ayant sonné de leurs trompes et busines, crièrent : « Largesse, largesse, largesse. »

Cette même année, le héraut *Nancy* mourut et Gringoire vit ses gages augmentés et portés à 120 francs. Il fit encore un voyage pour lequel on lui délivra 20 écus d'or au soleil, et enfin se prépara à prendre part à l'expédition contre les Rustauds.

Cette guerre importante, sorte de dernière croisade, a été racontée tout au long par de nombreux historiens ; Laurent Pillart l'a chantée dans sa Rusticiade, et des souvenirs de cette campagne se sont conservés en divers lieux de la Lorraine.

A Nancy, la Croix-Gagnée et la vierge de Bonne-Nouvelle sont des monuments qui rappellent cette expédition ; à Saint-Nicolas, le duc Antoine fonda une messe quotidienne sonnée à 16 coups de cloche, en souvenance des 16 heures passées à cheval durant la bataille de Scherwiller et offrit de riches tapisseries.

Les Rustauds étaient des paysans allemands luthériens, qui voulaient envahir la Lorraine, la dévaster et pénétrer ensuite en France. Les passions de ces hordes fanatiques étaient soulevées par d'habiles agitateurs, qui représentaient la Lorraine comme une nouvelle terre promise.

Le duc résolut d'anéantir à tout jamais cette nouvelle barbarie qui se levait de la Germanie et menaçait de tout bouleverser.

Le 3 mai 1525, 40.000 Rustauds se préparant à pénétrer en Lorraine, Antoine tint au Palais Ducal son conseil de guerre ; ce conseil ne fut pas long : dès le soir même, des cavaliers sillonnaient le pays et mandaient à tous vaillants seigneurs et guerriers, de se réunir au plus tôt et de s'armer pour la campagne nouvelle. Le 7 mai, la mobilisation était terminée, et l'armée d'Antoine, forte de 4.000 cavaliers et de 5.000 fantassins, quittait Nancy pour aller à la rencontre de l'ennemi. Le succès fut aussi rapide que les préparatifs avaient été prompts. Arrivée le 15 mai sous les murs de Saverne, l'armée lorraine écrase le 16 6.000 Rustauds à Lupestein ; le lendemain, 15.000 sont massacrés à Saverne, et trois jours après, le combat de Scherwiller en détruit 12.000 et disperse le reste.

Le 22 mai, les Lorrains repassaient les Vosges, et le 25. Antoine descendait devant le portail de Saint-Nicolas, pour remercier de son éclatante victoire le Patron de la Lorraine. Le même jour, les vainqueurs faisaient leur entrée triomphale à Nancy, acclamés par tous les habitants.

C'est ainsi qu'une campagne de vingt jours préserva la Lorraine de l'invasion des Allemands, détruisit plus de 30.000 hommes, refoula sur le Rhin le luthéranisme et sauva la France d'un péril affreux. N'était-ce pas l'heure, en effet, où la France, épuisée par ses guerres d'Italie avait peine à se relever, l'époque où François Ier était retenu prisonnier à Madrid par son implacable rival, Charles-Quint ? Qu'eût fait alors la France désorganisée et sans chef, devant cette nouvelle et terrible agression ?

Le 20 mai 1525, le duc Antoine et les troupes lorraines méritèrent bien de la France, et préservèrent la patrie d'affreuses calamités.

Gringoire joua un rôle important dans cette guerre contre les Rustauds.

Sa qualité de héraut d'armes l'obligeait de suivre partout le duc de Lorraine et de porter ses messages aux ennemis.

Volcyr, l'historien de cette campagne si glorieuse, donne de curieux détails sur notre poète. Sous les murs de Saverne, assiégée par les Lorrains, les parlementaires s'entretenaient avec Erasme Gerber de Molsheim, chef des paysans luthériens. Gringoire accompagnait le sire Bayer de Boppart, et ne cessait de donner des ordres pour repousser les nombreux messagers qui apportaient aux troupes lorraines des lettres de séduction.

Plus loin, racontant le retour d'Antoine dans les

Vosges, le même historien ajoute que ce prince fit hâtivement demander par son héraut Vaudémont s'il y avait quelque secrétaire pour écrire certaines lettres à messire Girard de Haraucourt.

Enfin, l'aventure la plus dramatique arrivée à Gringoire dans cette guerre, nous est rapportée par Emond du Boullay.

C'était devant Saverne. Le duc envoya Gringoire sommer les Rustauds d'accepter le combat ou d'ouvrir les portes de la ville. Mais le pauvre héraut et son trompette furent reçus d'une belle façon ; au lieu d'écouter le messager lorrain, les assiégés l'accueillirent par une décharge d'arquebuse qui blessa mortellement le trompette.

Mais laissons parler les vieux auteurs :

« Le 15e jour du mois de mai, l'an 1525, le duc Antoine arriva devant Saverne et fit loger son camp à la portée du canon de ladite ville en la plaine de Montmartir. Puis pour observer les incorruptibles lois de l'art militaire, de tous temps accoutumées entre les grands princes du monde, envoya un de ses hérauts, mon prédécesseur, nommé Vaudémont, avec l'un de ses cloches d'armes, dite trompette, pour sommer le capitaine général de toutes les bandes, nommé Erasme Gerber de Molsheim, qu'il lui rendît la dite ville de Saverne, et lui et tous les 24.000 hommes qui étaient dedans et aux faubourgs, dedans vingt-quatre heures à sa volonté, sous peine de ne les prendre jamais à merci. Lesquels ennemis, au lieu de congratuler ou pour le moins d'ouïr parler ledit héraut Vaudémont, sans avoir égard aux francs privilèges et immunités des officiers d'armes, tirèrent sur eux à grands coups de canon et autres pièces d'artillerie, dont ils avaient assez, tellement que le trompette cloche d'armes fut frappé d'un boulet de fauconneau duquel peu après il mourut ; et à grande peine ledit héraut se put sauver, en quoi put bien apercevoir le bon duc Antoine quelle volonté ils avaient vers lui et les siens. »

« Le bon duc lorrain, dit Nicolas Boucher, s'étant saisi de la plaine de Martyomont, et assis son camp devant la ville de Saverne, hors de la portée du canon, envoya le héraut (de Monsieur de) Vaudémont, accompagné d'un trompette sommer Erasme Gerber de Molsheim qu'il eut à se rendre, et la ville, et tous les siens. Mais ces enragés, non-seulement ne voulurent pas ouïr le trompette, mais tirèrent plusieurs coups de mousquets contre eux et infinies balles, et de l'une mettent en pièces le trompette. »

Après cette algarade, Gringoire revint au camp en toute hâte, et ne cessa de détester bien plus encore les hérétiques qu'il avait si cruellement attaqués dans son *Blazon* poétique et satirique. La guerre terminée, Gringoire revint à Nancy, accompagna à Saint-Nicolas toute la cour et se remit bien vite à ses œuvres philosophiques et morales.

C'est alors que parurent successivement les *Heures de Notre-Dame*, le *Mystère de Saint Louis*, les *Chants Royaux sur la Passion du Christ*, les *Notables enseignements, adages et proverbes*, les *Contredits de Songecreux*.

L'impression de ces divers ouvrages le conduisit plusieurs fois à Paris, où il dut séjourner assez longtemps durant chaque voyage, notamment en 1531 (1), lors de l'entrée solennelle d'Eléonore d'Autriche, seconde femme de François Ier. A cette occasion, la ville de Paris réclama encore son concours, et nous voyons, le 16 mars 1531, le poète faire représenter un de ses mystères au Châtelet.

Après cette dernière fonction officielle dans sa bien-aimée capitale, Gringoire va revenir définitivement en Lorraine, comblé d'honneurs et de bienfaits.

Voici de nouveau les anciens mémoires du Trésorier qui font mention du héraut d'armes :

---

(1) Dans les comptes des Trésoriers de Lorraine, pour 1530-31, on lit :

« Pour trois quartiers de l'année 1530-31, 112 francs 6 gros, et ce pour le premier quartier, payé en France. »

« 1531. — Monseigneur a nouvellement donné par chacun an à Pierre Gringoire dit Vaudémont, héraut d'armes de mon dit seigneur, la quantité de six réseaux de blé de froment pour subvenir et aider au nourrissement et entretien de son ménage, en considération des bons et agréables services qu'il a faits par ci-devant. Comme il appert par lettres de monseigneur données à Nancy le 1er mai 1532. »

« 1532. Monseigneur le Duc a de nouveau donné et assigné par manière de pension, sur la recette du receveur, à Gringoire, dit Vaudémont, héraut d'armes, chacun an, la somme de 60 francs qu'il lui a donnés par manière de pension, jusqu'à son bon plaisir, pour aider et subvenir à son vivre et entretien de son ménage au lieu de la livrée qu'il avait et prenait en l'hôtel de mondit seigneur. »

« 1533. - Et depuis par autres lettres de mondit seigneur données à Nancy le 1er jour de janvier 1532, même pour récompense de la livrée que ledit héraut soulait prendre en l'hôtel de mondit seigneur, lui a augmenté ladite pension de six réseaux. »

On voit par ces vieux comptes du XVIe siècle, que le poète s'acquittait convenablement de ses fonctions et qu'il était aimé de son seigneur et maître.

En 1534, Gringoire fait donner à Nancy et à Saint-Nicolas deux représentations, par une troupe composée de lui et de cinq compagnons joueurs de farces, et en 1537, un grand mystère à la Pentecôte. Ce grand mystère était la légende de sainte Barbe de Nicomédie, jouée aux anciennes Halles de Saint-Nicolas de Port.

Le dernier voyage en France de Pierre Gringoire est signalé en l'année 1538, car durant quatre mois, ses gages lui furent payés hors de Lorraine.

Et puis, nous arrivons à la mort du poète, en 1539, mort signalée officiellement dans les comptes des Trésoriers de Lorraine.

Gringoire était avancé en âge, environ 70 ans ; son écriture, telle que nous la voyons dans ses diverses signatures de 1538, est toute tremblottante et débile ; on sent que la mort est proche. Il a encore des manuscrits à peu près terminés, tels que la *Paraphrase des psaumes de David*, mais la mort n'attend pas.

Il est fort vraisemblable que Gringoire mourut à Nancy, puisque nous trouvons son nom au bas d'un acte le 21 novembre 1538, après son voyage en France.

On a dit qu'il avait été inhumé à Paris, dans l'église Notre-Dame (1). Mais on a oublié que Nancy avait une église Notre-Dame, dans la Ville-Vieille ; cette église, fondée comme prieuré en 1110 par Thierry de Lorraine, devint le lieu de sépulture de nombreuses familles, les Salm, les Beauvau, les Lenoncourt, les Raigecourt-Gournay, les d'Hoffelize, les Des Armoises, les Gennetaire, les Le Bègue, etc. Cette église, la plus ancienne de Nancy, a été démolie à la Révolution ; son élégant portail du XIe siècle a été sauvé et reconstruit dans les jardins de M. de Scitivaux à Remicourt, près Nancy. Aujourd'hui, sur la place de l'Arsenal, tout près de la rue des Etats (ancienne rue des Morts), rien ne rappelle plus le souvenir du prieuré et de l'église Notre-Dame. Un jardin et un magasin de cercueils remplacent le vieil édifice où, selon toute apparence, Gringoire fut enseveli, non loin de ce Palais Ducal où il avait vécu, glorieux et et honoré, depuis l'année 1518, tout près de la nouvelle église des Cordeliers où reposaient les princes de la maison ducale, où la même année 1539, fut inhumée Renée de Bourbon, la bonne duchesse, où bientôt en 1544, le 14 juin, devait venir reposer à son tour Antoine le Victorieux.

Les savants éditeurs de Gringoire disent expressément que le poète mourut en Lorraine. Les registres de Notre-Dame ne commençant pour les décès qu'en l'année 1630, il est donc impossible de retrouver l'acte d'inhumation de notre héraut d'armes.

---

(1) Les cartulaires et obituaires de Notre-Dame de Paris ne signalent aucunement le nom de Gringoire.

La date de la mort de Gringoire est formellement démontrée par deux actes, encore existants aux *Archives* de Lorraine, et déjà signalés en 1849 par H. Lepage dans son intéressant travail biographique sur notre poète.

Voici ces deux textes précis du Célerier et du Receveur général de Nancy pour les comptes annuels de 1538.

« Pierre Gringoire dit Vaudémont, héraut d'armes de Monseigneur, prend chacun an sur la recette la quantité de six réseaux de blé pour aider à l'entretien de son ménage. Et en récompense de la livrée qu'il soulait avoir en cour, six autres réseaux qui font 12 réseaux payables à la Saint-Martin. »

« Pierre Gringoire, hérault d'armes de Monseigneur, prend chacun an sur la recette, pour manière de pension, jusqu'au bon plaisir de Monseigneur le duc, la somme de 60 francs, douze gros pour franc, pour aider à son entretien, au lieu de livrées qu'il avait et prenait en l'hôtel de mon dit seigneur, payables à la Saint-Jean et à Noël par moitié. Et pour le terme de Noël 1538, payé au dit hérault 30 francs. »

En marge de ces quittances officielles, et d'une encre différente, on voit écrit le mot : OBIIT. Donc Gringoire est mort dans l'intervalle de temps qui sépare Noël 1538 du 24 juin 1539, époque de la Saint-Jean, où il devait toucher son quartier de pension.

La signature du poète nous est conservée dans divers autographes, datés de 1538, sortes de quittances données aux employés des finances de la cour du duc de Lorraine.

Voici une de ces pièces :

« Je, Pierre Gringoire, hérault de mon très-redouté et souverain seigneur monseigneur le duc, confesse avoir reçu de Humbert Pierrot, célerier de Nancy, la quantité de douze réseaux de blé qui m'étaient dus à cause de pension, et ce, pour le terme de la Saint-Martin dernière, desquels douze réseaux de blé pour ce terme, et pour tous autres termes précédents, je m'en tiens content. Témoin mon seing manuel ici mis le 21e jour de novembre, l'an 1538. Gringoire. »

Gringoire pouvait mourir, il laissait après lui des œuvres nombreuses et un nom célèbre dans l'histoire de la littérature française. Malheureusement la postérité oublia le joyeux Enfant Sans-Souci qui avait tant diverti les Parisiens de 1500 à 1515 ; les bibliophiles seuls se disputèrent ses rarissimes ouvrages, et de courtes notices biographiques furent consacrées à la Mère Sotte dans les grands travaux littéraires des XVIIe et XVIIIe siècles.

Aujourd'hui Gringoire est plus connu ; ses œuvres rééditées *in-extenso*, peuvent facilement se consulter, et le monument public que la *Comédie Lorraine* va lui ériger consacrera définitivement la gloire du vieux poète français du XVIe siècle, du lorrain spirituel et sensé, dont l'unique but en sa féconde carrière dramatique fut de flageller les vices et les travers de la société et de revendiquer les droits de la saine raison en répétant, sans jamais se lasser :

RAISON PARTOUT, PAR TOUT RAISON,
TOUT PAR RAISON !

GRINGOIRE ET LA POSTÉRITÉ

Terminons cette notice biographique et littéraire de Pierre Gringoire par un court aperçu de la gloire du vieux poète à travers les siècles.

Jusqu'au 13 février 1831, époque où parut la première édition de Notre-Dame de Paris, de Victor Hugo, ce génie qui remplit tout notre siècle et qui avait bien du sang lorrain dans ses veines (1), le nom de Gringoire n'avait guère franchi les traités de littérature et les grandes biographies.

Un premier biographe signale notre poète dès 1584, et successivement les frères Parfait, l'abbé Goujet, Nicéron et d'autres que j'ai consultés et cités dans l'appendice IV, mentionnent les principales œuvres de Gringoire.

L'apparition de Notre-Dame de Paris révéla au public un Gringoire tout de convention, une brillante création de l'imagination de Victor Hugo, un pauvre hère sans fortune, auteur de mystères et de joyeux devis, enfin l'amoureux et le mari officiel de la gracieuse Esméralda, l'aimable reine de la Cour des Miracles, avec sa blanche chevrette Djali aux cornes dorées.

Le Manuel du libraire de Brunet, s'adressant aux bibliophiles et aux amateurs signala très heureusement un très grand nombre d'ouvrages de Gringoire, avec

(1) On sait que le père de Victor Hugo naquit à Nancy, rue des Maréchaux, d'un honnête menuisier. Sous René II et Antoine, Jean et Georges Hugo jouèrent des rôles importants à la cour ducale et furent liés avec Gringoire.

les marques typographiques et les différentes éditions.

La plupart des encyclopédies du XIXᵉ siècle, Didot, Michaud, Larousse, le Dictionnaire de la conversation et bientôt la grande encyclopédie, publièrent d'intéressants articles sur notre poète, pendant que dans le *Journal des Savants*, Villemain étudiait avec sa haute compétence le Mystère de Saint Louis.

Voici l'appréciation du dictionnaire Larousse sur Gringoire. Après une courte notice biographique, l'auteur ajoute :

« Comme poète, Gringoire a une valeur qui n'est pas contestable ; ses railleries sont pleines de sel ; son style, qui rappelle celui des *imagiers*, a ces tours naïfs que la poésie moderne a perdus ; et s'il conserve encore la sécheresse gothique, il présente souvent aussi l'énergie, la finesse et la couleur des littératures à demi-barbares. D'un autre côté, sa comédie politique est placée parmi les meilleures soties du moyen-âge, et elle est un des premiers essais dramatiques sur l'histoire nationale. »

Mais il fallait arriver aux savants travaux de MM. d'Héricault, de Montaiglon, H. Lepage et Picot, pour trouver enfin le vrai Gringoire de l'histoire, et non le bohême conçu par l'immortel romancier.

Les récentes études de MM. Lenient et Petit de Julleville sur le théâtre français au moyen-âge ont complété cette résurrection historique et littéraire, pendant que successivement MM. Ch. d'Héricault, A. de Montaiglon et J. de Rothschild publiaient en quatre volumes les œuvres complètes de Pierre Gringoire.

Cette publication de la bibliothèque elzévirienne, commencée en 1858, s'est continuée en 1877. Deux volumes ont seuls paru, et les savants éditeurs annoncent comme prochaine l'apparition des deux autres. Le quatrième et dernier volume contiendra une notice détaillée sur Gringoire.

En dehors des bibliophiles et des amateurs de notre vieille littérature, les poésies de Gringoire sont peu connues; nous avons tenu dans cet opuscule à en donner de nombreux extraits pour bien montrer la valeur et la manière d'écrire de notre satirique. Le nom de Gringoire connu et répandu dans le monde entier par le roman de Victor Hugo a été repris une seconde fois par un autre poète du XIXᵉ siècle, Théodore de Banville, et le 21 juin 1866, livré à la scène du Théâtre Français, avec Coquelin aîné pour principal interprète.

Gringoire est une pièce toute gracieuse en un acte et en prose, jouée constamment depuis 1866 sur toutes les scènes du monde et restée au répertoire de la Comédie-Française.

Le poète des Odes funambulesques, fidèle aux traditions romantiques léguées par Victor Hugo, jusque dans ses anachronismes, a placé Gringoire sous Louis XI, et en a fait le poète famélique si connu de la Cour des Miracles. Il se marie aussi, dans cette pièce, mais non à la cruche cassée, comme dans Notre-Dame de Paris; il contracte un bel et bon mariage avec la fille de Simon Fourniez, riche bourgeois de Tours, compère de Louis XI. Ce roi fantaisiste, qui l'avait condamné à la potence pour une certaine Ballade des pendus, très satirique à son endroit, le gracie, à condition qu'il se fera aimer, séance tenante, de Loyse, fille du bourgeois chez lequel il loge à Tours. Gringoire y réussit, malgré sa laideur et son surcot en guenilles, en parlant avec enthousiasme à la jeune fille du beau rôle que peut jouer la poésie, des consolations qu'elle donne, des hautes idées de justice et de clémence qu'elle exalte.

Toute la pièce est charmante et reste un petit chef-d'œuvre. Nous donnons plus loin les Ballades des pendus et des pauvres gens.

Après Victor Hugo et Banville, Gringoire était connu de tout le monde; mais c'était un Gringoire de roman et de théâtre, un personnage quelque peu légendaire, incarnation de la bohème du moyen-âge. Les travaux des historiens et des critiques ont remis au point cette intéressante figure ; aussi, l'idée d'ériger un monument public à Gringoire n'a-t-elle rencontré que des approbateurs dans la France entière.

Dès 1888, un nancéien spirituel et caustique, M. Lucien Humbert lança le premier l'affaire, dans une feuille satirique et mordante, l'*Alérion*, en demandant pour Gringoire un buste en bronze sur le grand pont de Saint-Nicolas.

L'idée fit son chemin ; la *Lorraine-Artiste*, dirigée par l'habile et aimable E. Goutière-Vernolle, la reprit à son tour et la céda à la *Comédie Lorraine* jeune société d'amateurs, fondée en 1887 à Nancy pour faire revivre sur la scène les pièces classiques des XVIe, XVIIe et XVIIIe siècles.

Et voilà comment, à la fin de ce XIXe siècle, qui a élevé tant de statues et de monuments, Pierre Gringoire, le poète du XVIe siècle, le héraut d'armes du duc Antoine de Lorraine, aura dans une ville de cette même Lorraine, son buste en bronze, œuvre d'un jeune nancéien de talent, Ernest Bussière.

Un autre buste, gracieusement offert par M. Paul Fournier, statuaire à Paris, auteur des statues de Balzac à Tours et Shakespeare à Paris, sera placé dans un square de la ville de Nancy, qui a donné à l'une de ses rues, voisine du Palais Ducal, le nom de Pierre Gringoire (1), l'ancêtre illustre de la *Comédie Lorraine*, et l'un des pères du théâtre français.

---

(1) La ville de Saint-Nicolas de Port a donné aussi le nom de Pierre Gringoire à l'une de ses rues principales, et le Conseil municipal de Paris a promis également d'hodographier le vieux poète des Halles, le chef incontesté des Enfants Sans-Souci.

Ballade des pendus

Sur ses larges bras étendus,
La forêt où s'éveille Flore,
A des chapelets de pendus
Que le matin caresse et dore.
Ce bois sombre, où le chêne arbore
Des grappes de fruits inouis
Même chez le Turc et le More,
C'est le verger du roi Louis.

Tous ces pauvres gens morfondus,
Roulant des pensers qu'on ignore,
Dans les tourbillons éperdus
Voltigent, palpitants encore.
Le soleil levant les dévore
Regardez-les, cieux éblouis,
Danser dans les feux de l'aurore
C'est le verger du roi Louis.

Ces pendus, du diable entendus,
Appellent des pendus encore.
Tandis qu'aux cieux, d'azur tendus
Où semble luire un météore,
La rosée en l'air s'évapore,
Un essaim d'oiseaux réjouis
Pardessus leur tête picore
C'est le verger du roi Louis.

Envoi

Prince, il est un bois que décore
Un tas de pendus, enfouis
Dans le doux feuillage sonore.
C'est le verger du roi Louis.

Ballade des pauvres gens

Rois qui serez jugés à votre tour,
Songez à ceux qui n'ont ni sou, ni maille ;
Ayez pitié du peuple tout amour,
Bon pour fouiller le sol, bon pour la taille
Et la charrue, et bon pour la bataille.
Les malheureux sont damnés, — c'est ainsi !
Et leur fardeau n'est jamais adouci
Les moins meurtris n'ont pas le nécessaire,
Le froid, la pluie et le soleil aussi,
Aux pauvres gens tout est peine et misère.

Le pauvre hère en son triste séjour,
Est tout pareil à ses bêtes qu'on fouaille.
Vendange-t-il, a-t-il chauffé le four
Pour un festin ou pour une épousaille,
Le seigneur vient, toujours plus endurci ;
Sur son vassal, d'épouvante saisi,
Il met sa main, comme un aigle sa serre,
Et lui prend tout, en disant : « Me voici ! »
Aux pauvres gens tout est peine et misère.

Ayez pitié du pauvre fou de cour !
Ayez pitié du pécheur qui tressaille
Quand l'éclair fond sur lui comme un vautour,
Et de la vierge aux yeux bleus, qui travaille,
Humble et rêvant sur sa chaise de paille.
Ayez pitié des mères ! O souci,
O deuil ! L'enfant rose et blond meurt aussi.
La mère en pleurs entre ses bras le serre.
Pour réchauffer son petit corps transi :
Aux pauvres gens tout est peine et misère.

Envoi

Prince ! pour tous je demande merci !
Pour le manant sous le soleil noirci
Et pour la nonne égrenant son rosaire
Et pour tous ceux qui ne sont pas d'ici :
Aux pauvres gens tout est peine et misère.

NOTES

I.

Le lieu de naissance de Gringoire

Nous n'avions pas l'intention de traiter ici à fond la question de pure érudition du lieu de naissance de Pierre Gringoire, mais nous y sommes contraint par l'importance même du sujet et les désirs de nombreux lotharingistes.

Pierre Grignon est né au diocèse de Toul, dans la terre de Ferrières... voilà les termes dont se servent les plus anciens biographes, dès 1584.

Nous n'aurons pas la témérité de dire: Gringoire est *certainement* né à Ferrières, en telle année, à tel jour, de tels parents. Pour affirmer cela, il faudrait retrouver l'état-civil du poète, et les archives de Ferrières ont péri, si tant est qu'elles aient jamais existé.

Mais, après examen sérieux de toutes les preuves *pour ou contre* l'origine lorraine de Gringoire, il faut bien se rendre à l'évidence et dire que le poète est né en Lorraine, qu'il devint célèbre à Paris et qu'il revînt en son pays occuper une place honorifique à la cour des ducs de Lorraine.

Sans vouloir s'appesantir sur les qualités mêmes de style et de composition des ouvrages de Gringoire, qualités qui sont bien celles reconnues aux esprits lorrains, une preuve de convenance locale nous paraît — et a paru aux précédents biographes — la plus solide en faveur de notre thèse.

Jamais le duc Antoine n'aurait accordé la charge de héraut d'armes à un étranger au pays. La Lorraine était une nation à part, un peuple ayant ses lois, ses coutumes et ses traditions ; elle avait une noblesse possédant des privilèges dont elle était jalouse et qu'elle conservait intacts, et pour la défense desquels elle luttait sans cesse contre les ducs.

Et le duc Antoine aurait accordé l'une des premières charges de la couronne à un étranger. Il aurait confié le soin de tenir état des nobles, de les contrôler, de blasonner leur écu, à un poète français, ignorant sans doute des règles de la hérauderie lorraine, et plus habile en versification qu'en armoiries !

Mais nul en Lorraine n'aurait toléré un tel empiétement ; Gringoire — si célèbre fut-il — n'eût pas été supporté par la chevalerie lorraine, lui qui n'était pas noble, et il n'eût pas accompagné en Alsace son seigneur et ses pairs dans l'expédition contre les Rustauds.

Et puis, si brillante que parût alors la cour de Lorraine, qu'était-elle en définitive auprès des cours de François 1er et de Charles-Quint, de Léon X et de Henri VIII ? Gringoire, quittant Paris après la mort de Louis XII (1) ne serait pas venu en Lorraine, si des considérations naturelles ne l'eussent rappelé en ce pays. Pourquoi ne serait-il pas retourné en Normandie plutôt, s'il était origine de Caen, dans sa ville natale, ou même à Rouen, déjà célèbre par son imprimerie et ses hommes illustres.

Il est vrai, que fatigué de Paris et des entraves apportées au théâtre par François 1er, il aurait pu céder aux offres libérales du duc de Lorraine, qu'il avait connu à Paris. Mais Antoine aurait reçu le poète en poète, et malgré sa célébrité, n'aurait pu lui confier une charge importante — l'une des plus délicates en ces temps où les préséances jouaient un si grand rôle dans la vie des classes supérieures.

Les principales biographies de Gringoire, et les anciennes encyclopédies littéraires, donnent toutes à notre poète une origine lorraine. Ainsi le P. Nicéron dans ses *Mémoires* pour servir à l'histoire des hommes illustres, Du Verdier et La Croix du Maine, l'abbé Bexon, Chevrier, Dom Calmet, Michel, la grande encyclopédie du XIXe siècle, parue en 1858, le Dictionnaire de la conversation, le continuateur de Du Verdier, M. de Juvigny en 1772, le comte de Puymaigre et Henri Lepage, Dezobry et Bachelet, l'importante biographie de Michaud, qui fait autorité, et dont les éditions se continuent, très appréciées des littérateurs et des savants, M. Pfister, dans son cours d'histoire lorraine, M. Duplessis dans son édition des Feintises, M. Hérisson, dans sa notice du Blason des Hérétiques, etc.; Baratte dans sa grande édition illustrée des poètes normands, ne parle aucunement de Pierre Gringoire.

---

(1) On m'assure qu'il existe aux Archives Nationales une lettre de Louis XII au duc de Lorraine, dans laquelle le roi de France en parlant de Gringoire, l'appelle *lorrain* et *sujet de Nancy*.

N'ayant pas copie de cette lettre, je ne veux point profiter de cet argument en faveur de ma thèse. Je signale simplement le fait.

Pourtant cet auteur avait eu connaissance du recueil du Père de La Rue. La jolie *Revue Normande illustrée* publiée à Alençon n'est pas non plus de l'avis du correspondant nancéien de *l'Intermédiaire*, et réclame les preuves de l'origine caennaise de Pierre Gringoire

Il est probable, pour ne pas dire certain — qu'on ne les trouvera pas à Nancy, siège d'une petite côterie qui voudrait faire échouer le projet de la *Comédie Lorraine*.

Tant qu'il n'y aura pas un document formel pour prouver le contraire, nous nous rangerons à la suite de ces écrivains.

Nous verrons tout à l'heure les tenants de l'origine normande. Quant au village de Ferrières, il n'y en avait qu'un seul au diocèse de Toul.

Il existe en France de nombreux villages du nom de Ferrières :

Ferrières, dans le Cantal ; dans l'Indre et Loire, près de Loches ; près de Joinville dans la Haute-Marne ; La Ferrière-au-Doyen, dans le Calvados ; dans l'Orne ; La Ferrière (grande et petite), dans le Nord ; Ferrières, dans l'Allier, près de Foix, Ariège ; dans la Charente-Inférieure, la Corrèze, le Doubs, l'Hérault ; Ferrières, chef-lieu de canton du Loiret, avec une belle église classée dans les monuments historiques ; Ferrières, dans la Manche ; en Meurthe-et-Moselle, près Rosières-aux-Salines ; dans l'Oise ; les Hautes-Pyrénées ; en Seine-et-Marne, célèbre par son château et la fameuse entrevue de 1871 ; dans la Seine-Inférieure, la Somme et le Tarn.

Il n'y a pas, dans le Calvados et dans les environs de Caen, de village appelé Ferrières

On ne voit dans ce département que :

La Ferrière-au-Doyen, arrondissement de Vire, canton d'Aunay, à 40 kilomètres de Caen.

La Ferrière-Du-Val, arrondissement de Vire, canton d'Aunay sur-Odon, à 35 kilomètres de Caen.

La Ferrière-Hareng, arrondissement de Vire, canton de Le Bény-Bocage, à 50 kilomètres de Caen.

D'autres villages en Normandie appelés Ferrières, on ne trouve que la Ferrière-au-Doyen ; la Ferrière-aux-Etangs ; la Ferrière-Béchet et la Ferrière-Bochard, dans l'Orne ; la Ferrière-Haut-Clocher, dans l'Eure ; Ferrière-la-Verrerie, dans l'Orne ; Ferrière-Saint-Hilaire et Ferrière-sur-Risle, dans l'Eure ; deux Ferrières dans la Manche ; et Ferrières, dans la Seine-Inférieure

On cite pourtant une baronnie de Ferrières en Normandie, dont les seigneurs s'illustrèrent en différents combats. Le seul village du nom de Dangu est dans l'Eure ; il y a un Thury dans l'Oise et un autre dans l'Yonne.

MM. d'Héricault et Montaiglon ont même pris texte de la dédicace des *Folles entreprises* à un baron de Ferrières, pour prouver que Gringoire *devait* être normand.

Or, en 1505, époque de la première édition des *Folles entreprises*, le sire de Ferrières, le noble et puissant seigneur Pierre de Thury, baron de Dangu, auquel Gringoire semble avoir dédié l'ouvrage, n'avait à peine que deux ans.

En effet, les généalogies les plus précises des familles normandes (1) donnent ceci :

Jean IV, de Ferrières, baron de Thury, vivait en 1491. Il n'eut que des filles, Léonore, Catherine, Françoise et Marguerite. Guillaume de Ferrières, chevalier, baron de Thury et de Dangu, deuxième fils de Charles de Ferrières, aïeul du précédent. Il épousa : 1° la fille du comte de Dommartin ; 2° en 1502, Jacqueline Fayel. Il eut de cette dernière : *Pierre de Ferrières* et Françoise.

Or Pierre de Ferrières baron de Thury et de Dangu, fut le dernier mâle de cette famille. Il n'eut pas d'enfants, et ses biens passèrent à sa nièce, Anne d'Aumont, qui les porta à son époux, Claude de Montmorency. Cette famille normande de Ferrières habitait Paris, et le bisaïeul de Pierre de Ferrières, Charles, avait eu un frère nommé Guillaume dont le fils Jean, épousa, le 24 octobre 1462, Marguerite de Bourbon, fille légitimée de Jean, duc de Bourbon, grand connétable de France. On conçoit très bien que Gringoire ait eu des rapports avec cette famille ; il était l'obligé de la famille de Bourbon (2) et des membres de la corporation des Sots pouvaient fort bien avoir été au service de ces nobles personnages. D'où Gringoire pouvait dire en parlant des Thury :

> Répondre puis que mes prédécesseurs
> De sa maison ont été serviteurs.

Nous donnons cette explication pour ce qu'elle vaut, ne voulant pas faire dire aux textes plus qu'ils ne disent. Toujours est-il qu'on s'étonna beaucoup dans Paris de voir ce traité dédié à Pierre de Ferrières, puisque l'auteur prend soin de s'excuser et d'en donner les motifs.

C'est le père jésuite de La Rue, qui dans ses *Essais sur les*

---

(1) Dans l'église Saint-André-des-Arts, à Paris, on lisait cette inscription funéraire : « C₁ *gist vénérable et discrette personne maistre Jacques de Ferrières, en son vivant prebstre et curé de Sainct-Nicholas des Champs, lequel trespassa le XIIe jour de janvier MDXLVI.* »

(2) Une princesse de cette famille épousa le duc Antoine de Lorraine en 1515.

trouvères normands, publiés en 1834, revendiqua le premier Pierre Gringoire pour la Normandie. Cet auteur avait trouvé dans les environs de Caen, de vieux papiers du 15ᵉ siècle constatant l'existence d'une famille du nom de Gringore.

Mais Gringoire, de son vrai nom, s'appelait Grignon (1), et à la fin du XVᵉ siècle, on trouve aussi dans des pièces manuscrites de Rosières et Saint-Nicolas, des Grignon, des Gringnon et des Grégoyre. Voilà toutes les preuves en faveur de l'origine normande de Gringoire (2). C'est peu, et la question ne saurait donc être tranchée si péremptoirement en faveur de la Normandie. A la suite du père de La Rue, plusieurs biographes ont hésité et ont dit que Gringoire était peut-être lorrain, peut-être normand. Tels MM. d'Héricault et Montaiglon, les savants éditeurs de Gringoire, le Dictionnaire de Larousse, Didot, M. Frère dans sa *Bibliographie normande*, Grégoire, dans son Dictionnaire historique. Cette solution ne blesse personne et satisfait les deux provinces.

De tout ce que nous avons exposé, il résulte ceci :

1° Il y avait au diocèse de Toul, un pays de Ferrières ;

2° Gringoire était héraut d'armes du duc Antoine, charge importante donnée à un lorrain d'origine ;

3° Il n'y a pas de Ferrières dans les environs de Caen ;

4° Le seigneur de ce nom en Normandie auquel Gringoire aurait dédié son ouvrage, n'avait que deux ans en 1505.

Si l'on veut quand même traiter Gringoire de normand, nous demanderons des preuves plus probantes

Au reste, cette question peut paraître quelque peu oiseuse : il ne s'agit pas de glorifier Gringoire, *parce qu'il est né ici ou là*, mais parce qu'il a vécu longtemps en Lorraine, y produisant de nombreux ouvrages et y faisant représenter des pièces à Nancy, Lunéville et Saint-Nicolas.

---

(1) Le 8 avril 1546, un Jean Grignon de Vézelise est anobli par le duc Antoine.

(2) Il faut ajouter pourtant, pour être impartial, que les savants éditeurs de Gringoire ont trouvé dans ses œuvres quelques expressions encore employées aujourd'hui dans le patois de Normandie. Mais s'ensuit-il nécessairement que, — parce que, à la suite d'un séjour au pays basque, j'aurai employé quelques tournures et expressions pittoresques, je devrai être compté comme écrivain euscarien

Gringoire, dans ses tournées, alla plusieurs fois à Rouen, où l'on édita même quelques-unes de ses poésies (en 3ᵉ et 4ᵉ éditions) ; la bibliothèque de Louis XII était au château de Blois, et la Seine et la Loire rapprochaient facilement Parisiens et gens de l'Ouest Enfin les Normands ont toujours goûté le séjour de la capitale, et, aimant la chicane, ils imposèrent au Palais plusieurs termes de leur vocabulaire.

Si la Normandie réclame Gringoire comme un de ses enfants, c'est un grand honneur pour le vieux poète. Nous serions heureux que des érudits de cette province puissent découvrir les actes authentiques qui feraient Gringoire natif de Normandie ; sa mémoire n'en souffrirait pas en Lorraine, et puisqu'on a parlé de culte de Gringoire, il ne déplairait pas de voir se dresser à Caen et à Nancy des monuments qui rappelleraient les traits du vieux satirique du XVIe siècle. Ce n'est pas d'aujourd'hui, du reste, que la Lorraine revendique Gringoire pour un de ses enfants illustres : au théâtre de Nancy, on peut lire le nom du poète ; on voit son portrait dans la célèbre fresque de Monchablon à l'Université de Nancy et, en 1866, lors des fêtes du centenaire de la réunion de la Lorraine à la France, on avait placé le médaillon de Gringoire au milieu des illustrations de l'ancienne Lorraine.

II.

Chronologie de Pierre Gringoire

Naissance de Pierre Gringore ou Gringoire, vers 1470.
Naissance du duc Antoine de Lorraine, 4 juin 1489.
Sacre de Louis XII à Reims, 27 mai 1498.
1er ouvrage connu de Gringoire : *Les dits et autorités des sages philosophes*, entre 1490 et 1497.
Le Château de Labour, 1499.
Mystère joué au Châtelet pour l'entrée de Philippe d'Autriche, 25 novembre 1501.
Mystère joué au Châtelet pour l'entrée du Légat du Pape à Paris, 1502.
Privilège royal pour les *Abus du monde*, 1504.
Entrée de la reine Anne de Bretagne, 2e femme de Louis XII.
Mystère de Gringoire joué au Châtelet, 19 novembre 1504.
Obsèques de Charles d'Orléans, père de Louis XII, 21 février 1505.
Les Folles entreprises, 23 décembre 1505.
Mort de René II, duc de Lorraine, 10 décembre 1508.
Victoire des Français, à Agnadel, 14 mai 1509.
L'Entreprise de Venise, 1509.

Mort du cardinal Georges d'Amboise, ministre de Louis XII, 5 mai 1510.
La chasse du cerf des cerfs, 1510
Visite du duc de Lorraine à Louis XII, 1511.
1re représentation du *Jeu du Prince des Sots et de la Mère-Sotte*, aux Halles de Paris, le mardi-gras de l'année 1511, 23 février 1512.
Clément Marot dédie à Gringoire, sa ballade des Enfants Sans-Souci, 1512.
Mort de la reine de France, Anne de Bretagne, 9 janvier 1514.
Entrée solennelle de Marie d'Angleterre, 3e femme de Louis XII. Mystère de Gringoire au Châtelet, 6 novembre 1514.
Mort du roi Louis XII à Paris, 1er janvier 1515.
Sacre de François Ier à Reims, 25 janvier 1515.
Entrée de François Ier à Paris. Mystère de Gringoire, 15 février 1515.
Mariage du duc Antoine avec Renée de Bourbon, 15 mai 1515.
Privilège royal de la *Mère-Sotte*, 17 octobre 1516.
Entrée solennelle de la reine Claude à Paris.
Mystère de Gringoire au Châtelet, 12 mai 1517.
Gringoire assiste au baptême de François de Lorraine, à Bar-le-Duc, 15 février 1517.
Gringoire est nommé héraut d'armes de Lorraine sous le titre de Vaudémont, 5 avril 1518.
Mariage de Gringoire à Paris. Il épouse Catherine Roger en l'église Saint-Jean en Grève, 30 mai 1518.
Représentation d'un mystère de Gringoire à Lunéville, 1518.
Tenue des Assises de la Chevalerie à Nancy, 28 mars 1519.
Gringoire accompagne le duc Antoine dans son expédition de Saint-Hippolyte, 1519.
Le duc Antoine porte les gages annuels de Gringoire à 83 francs, 1520.
Gringoire assiste à l'Entrevue du Camp du Drap d'or, 1520.
Gringoire assiste à Bar-le-Duc au baptême du Prince Nicolas de Lorraine, 10 novembre 1524.
Les gages de Gringoire sont portés à 120 francs, 1524.
Le duc Antoine part en Alsace faire la guerre aux Rustauds
Gringoire échappe à la mort sous les murs de Saverne, 15 mai 1525.
Grande bataille de Scherviller contre les Rustauds, 20 mai 1525.
Le duc Antoine et Gringoire en pèlerinage de reconnaissance à Saint-Nicolas, 25 mai 1525.
Publication des *Heures de Notre-Dame*, 10 octobre 1525.

Mystère de Saint Louis, à Paris, 1526.

Privilège des *Notables enseignements, adages et proverbes*, 15 novembre 1527.

Entrée solennelle d'Eléonore d'Autriche, 2ᵉ femme de François Iᵉʳ. Mystère de Gringoire au Châtelet, 16 mars 1531.

Lettre du duc Antoine augmentant les gages de Gringoire, 1ᵉʳ mai 1532.

Gringoire fait représenter plusieurs pièces à Nancy, 26 février 1534.

Mystère joué à Nancy, à la Pentecôte, 1537.

Dernier voyage de Gringoire à Paris, 1538.

Mort de la duchesse de Lorraine, Renée de Bourbon, 6 mai 1539.

† Mort de Pierre Gringoire, dit Vauldémont, 1539.

Paraphrase des psaumes (ouvrage posthume), 1541.

Mort du duc Antoine de Lorraine, 14 juin 1544.

Suppression des mystères, farces et soties, par le roi François Iᵉʳ, 17 novembre 1548.

III.

Ouvrages de Gringoire

A. — Œuvres authentiques de Gringoire

Œuvres complètes de Gringoire, réunies pour la première fois par MM. Ch. d'Héricault, A. de Montaiglon et J. de Rothschild. (4 volumes de la *Bibliothèque elzévirienne*). Le tome I a paru en 1858; le tome II en 1877; les tomes III et IV en préparation.

1. *Le Chasteau de Labour*, poëme allégorique, publié par Gringoire en 1499, à Paris, chez Simon Vostre. (Autres éditions: 1500, 1505, 1506, 1526, 1532, 1560).
2. *Lettres nouvelles de Milan*, avec les regrets du seigneur Ludovic (vers 1500). Opuscule en vers sur la prise de Ludovic Sforza.

3. *Les Abus du Monde*, ouvrage satirique publié en 1504, à Paris
4. *Les Folles Entreprises* qui traitent de plusieurs choses morales, longue satire contre tous les états de la société. Paris, 1505. (Autres éditions : 1505, 1506, 1507).
5. *L'Entreprise de Venise,* avec les cités, châteaux, forteresses et places que les Vénitiens usurpent des rois, princes et seigneurs chrétiens. Paris, vers 1509.
6. *La Chasse du Cerf des Cerfs*, Paris, 1510. (Réimpression *fac-simile*, à Paris, en 1829).
7. *L'Espoir de Paix*, à l'honneur du roy Loys, douzième de ce nom. Paris, 1510.
8. *La Coqueluche*, sorte de monologue sur la grippe. Paris, 1510.
9. *Le Jeu du Prince des sots et mère sotte,* (cry, sottie, moralité et farce). Paris, 1511.

Ce chef-d'œuvre de Gringoire a été publié à Paris deux fois, en 1511, in-8° goth. de 44 f. et in-4" goth. de 16 f. à deux colonnes. Ces deux éditions sont excessivement rares. On a fait, en 1801, une réimpression du *Jeu du prince des Sots*. (Collection Caron).

10. *Les Fantaisies de Mère Sotte*, écrites en prose et en vers, l'un des ouvrages les plus piquants et les plus recherchés de Gringoire. Paris, 1516. (5 autres éditions sans date et en 1538 et 1551).
11. *Le Blazon des Hérétiques*. Paris, 1524 et 1585. (Réimpression *fac-simile*, à Chartres, en 1832).
12. *L'Obstination des Suysses*. Paris, vers 1510.
13. *Le Mystère de la Vie Monseigneur Sainct Loys*. (Aucun des nombreux mystères composés par Gringoire n'a été imprimé. Les autres sont perdus. Ce mystère de saint Louis a été trouvé à la Bibliothèque nationale, dans un manuscrit sur parchemin provenant de l'abbaye de Saint-Germain des Prés. Il a été publié pour la première fois en 1877, par MM. A. de Montaiglon et J. de Rothschild)
14. *Les Menus Propos de Mère Sotte*. Paris, 1521. (Autres éditions : 1522, 1525, 1528, 1534, 1535).
15. *Heures de Notre-Dame*, translatées en françoys et mises en rithme, par Pierre Gringoire, dit Vauldémont. Paris, 1525. (Autres éditions de ce populaire ouvrage mystique : 1527, 1528, 1533, 1539, 1540, 1541 et 1544).
16. *Chants Royaux* figurés moralement sur les mistères miraculeux de notre saulveur et rédempteur Jésuchrist et sur sa

passion, avec plusieurs dévotes oraisons et rondeaux contemplatifs. Paris, 1527. (Autres éditions: 1528, 1541, 1544).

17. *Notables enseignemens, adages et proverbes* faits et composés par Pierre Gringoire, dit Vauldémont. Paris, 1527. (Autres éditions: 1528, 1533).
18. *Les Contredits de Songe-Creux.* Paris, 1530 et 1532.
19. *Paraphrase et dévote exposition* sur les sept très précieux et très notables pseaumes du royal prophète David. Paris, 1541 (ouvrage posthume).
20. *Les dits et autorités des sages philosophes*, l'un des premiers ouvrages de Gringoire, vers 1495.
21. *Complainte du trop tard marié.* Paris, sans date.
22. *Les Faintises du monde qui règne*, vers 1500. (Réimpression, à Douai, en 1841).
23. *Le Testament de Lucifer*, à Paris, sans date.
24. *La Quenouille spirituelle*, de Jehan de Lacu, mise en vers par Gringoire. A Paris, sans date, gothique.
25. *La complaincte de la cité chrestienne* faicte sur les lamentations Hieremie. A Paris, sans date. (Avec une gravure représentant la ville de Nancy au XVIe siècle).

B. — Œuvres attribuées a Gringoire

1. *Sotise à huit personnages*, c'est assavoir: le monde, abus, sot dissolu, sot glorieux, sot corrompu, sot trompeur, sot ignorant et sotte folle. A Paris, en la juifrie, 1514.
2. *Rondeaux*, en nombre de 350, singuliers et à tout propos. A Paris, 1527, 1530 et 1533.
3. *Maistre Aliborum*, qui de tout se mesle et scet faire tous mestiers et de tout rien. Satire violente contre les ignorants. A Paris, sans date.
4. *Cent nouveaux proverbes dorés.* A Paris, sans date, gothique. Pièce de cent stances de 7 vers de 10 syllabes.
5. *Vigilles des Morts*, translatées de latin en françoys. Paris, vers 1500, in-4°, gothique
6. *Les Sotz nouveaulx, farcéz, couvéz.* A Paris, vers 1510.
7. *Sotye nouvelle des chroniqueurs.* A Paris, 1515.
8. *Epistre de Clorinde à Rheginus.* Paris sans date.
9. *Le Nouveau Monde* avec l'Estrif du Pourvu et de l'Electif. Paris, 1508.

IV.

Ouvrages consultés sur Pierre Gringoire

1. Auton (Jean d'). — *Chroniques de Louis XII*. (Société de l'Histoire de France, 1889-91).
2. Banville (Théodore de). — *Gringoire*... pièce en un acte du répertoire de la *Comédie française* et de la *Comédie lorraine*. Le rôle de Gringoire a été créé en 1865 par Coquelin aîné.
3. Bapst (Germain). — *Le théâtre et ses conditions matérielles d'existence au XVIe siècle*. (Dans la Revue Britannique, octobre 1891).
4. Berty. — *Topographie historique du vieux Paris*. 5 vol. in-4° illustrés.
5. Boullay (Emond du). — *La vie et trespas du prince de paix, le bon duc Antoine de Lorraine*.
6. Braux (G. Piat de). — *Note sur un manuscrit de Pierre Gringoire*... Nancy, 1882, br. in-8° (extrait du *Journal* de la Société d'Archéologie lorraine).
7. Brunet. — *Manuel du libraire*, 5e édition, tome II, 1742 à 1758 et supplément.
8. Bulletin du Comité des Travaux historiques. F. 4, VIII, 388.
9. Calmet (Dom). — *Bibliothèque lorraine*. Nancy, 1745.
10. Chassang. — *Pierre Gringore, ou un poète dramatique au temps de Louis XII et de François Ier*, 1861.
11. Chevrier. — *Histoire de Lorraine*... Notice des hommes illustres, tome VIII.
12. Colletet (Guillaume). — *Histoire des poètes français* (Manuscrit de la Bibliothèque Nationale à Paris).
13. Delasalle. — *Pierre Gringoire*, poésies. Paris, 1836.
14. Dezobry et Bachelet. — *Dictionnaire général de biographie et d'histoire*, 1861.
15. — *Dictionnaire de la Conversation et de la Lecture*, tome X.
16. Didot. — *Nouvelle biographie générale* (1858), tome XXII.
17. Digot (Aug.). — *Histoire de Lorraine*, tome IV, 135 à 140.
18. Douhet. — *Dictionnaire des mystères*, 1854.
19. Duplessis. — *Notice sur Gringoire* (Préface de la réimpression des *Fantises du monde*. Douai, 1841, in-8°, dans la Bibliothèque parémiologique).

20. Ebert. — *Iahrbuch für romanische und englische litteratur*, 1861.
21. — *Encyclopédie du XIXᵉ siècle*, 1858, tome XII.
22. Fournel (V.). — *Origines nationales du drame français* (Correspondant du 25 février 1862).
23. Frère. — *Manuel du bibliographe normand*, 1860, tomes I et II.
24. *Gazette des Beaux-Arts*, 1863, t. XV, p. 130 et 1876, t. XIV, p. 103.
25. Géruzet. — *Nouveaux essais d'histoire littéraire*.
26. Gidel. — *Histoire de la littérature française*, 5 vol. in-18, tome I, p. 398 à 400 ; tome II, p. 32 à 44.
27. Goujet (l'abbé). — *Bibliothèque française*... ou histoire de la littérature française. Paris, 1747, tome XI.
28. Grœsse. — *Trésor de livres rares et précieux*, 1862, tomes III et VII.
29. Hérisson. — *Notice sur Gringoire* (Préface de la réimpression du *Blazon des hérétiques*. Chartres, 1832).
30. Hugo (Victor). — *Notre-Dame de Paris* (Edition monumentale illustrée).
31. — *Journal* de la Société d'Archéologie lorraine, tomes VII et XIV.
32. La Croix du Maine. — *Premier volume de la bibliothèque* du sieur de la Croix du Maine, qui est un catalogue de toutes sortes d'auteurs. Paris, 1584.
   La Croix du Maine et du Verdier. — *Les Bibliothèques Françoises*... nouvelle édition par Rigoley de Juvigny, 1772, tome II.
33. Larousse. — *Grand dictionnaire universel du XIXᵉ siècle*, 1872, tome VIII.
34. Larroumet. — *La Comédie en France d'après un ouvrage récent* (dans la *Revue des Deux-Mondes* : 15 décembre 1891).
35. La Vallière (duc de). — *Bibliothèque dramatique*.
36. Leduc. — *Bibliothèque poétique*, tome I.
37. Lenient. — *La satire en France*, 3ᵉ édition, 1886.
38. Lepage (H.). — *Archives de Nancy*, 4 vol. in-8°, tome I.
   Lepage (H.). — *Fleurs Lorraines* : Les trois Pierre et Simon Moycet : Pierre de Blarru, Pierre Jacobi et Pierre Gringoire, 2ᵉ édition, tome II, Nancy, 1888.
39. Lepage (H.). — *Inventaire-sommaire des archives de Meurthe-et-Moselle*, passim.
   Lepage (H.). — *Pierre Gringore*, extrait d'études sur le théâtre en Lorraine. (Paru dans les *Mémoires de l'Académie de Stanislas*, à Nancy, et tirage à part, 1849 avec *fac-simile* de signatures de Gringoire).

40. Lepage (H.). — *Pierre Gringoire* (dans le *Journal* de la Société d'archéologie lorraine, mars 1865).
41. Le Roy (Onés). — *Etudes sur les mystères*.
42. Le Roy. — *Histoire comparée du théâtre et des mœurs en France*, Paris, 1844.
43. Le Roux de Lincy et Michel. — *Recueil de farces*, tome II.
44. Liron. — *Singularités historiques et littéraires*, Paris, 1738, 4 vol. in-12, tome I.
45. Mabille. — *Choix de farces, soties et moralités*, tome II.
46. Malézieux. — *Histoire de la poésie française*.
47. Marmontel. — *Eléments de littérature*, 1818, tome IV.
48. Maulde-la-Clavière. — *Histoire de Louis XII*, Paris, 1889.
49. Michaud. — *Biographie universelle ancienne et moderne*, (édition de 1857), tome XVII.
50. Michel. — *Biographie historique et généalogique des hommes marquants de l'ancienne province de Lorraine*, Nancy, 1829.
51. Montaiglon (A. de), Ch. d'Héricault et J. de Rothschild. — *Notice sur Gringoire* en tête des *Œuvres complètes*. Les auteurs annoncent une longue étude biographique pour le IVe volume).
52. *Nancy-Artiste* ou *Lorraine-Artiste*, revue des Beaux-Arts en Lorraine, 1889 et 1891. Notices sur Gringoire.
53. Nicéron. — *Mémoires pour servir à l'histoire des hommes illustres dans la république des lettres*, 1736, tome XXXIV.
54. Parfaict (les frères). — *Histoire du théâtre français*, Paris, 1745, tomes II et III.
55. Petit de Julleville. — *Les Comédiens en France au moyen-âge*, 1885.
56. Petit de Julleville. — *Répertoire du théâtre comique en France au moyen-âge*, 1886.
57. Petit de Julleville. — *La Comédie et les mœurs en France au moyen-âge*, 1886.
58. Petit de Julleville. — *Histoire de la littérature dramatique depuis ses origines jusqu'à nos jours*, 1889.
59. Pfister. — *Le théâtre en Lorraine*. (Cours public de la Faculté des lettres de l'Université de Nancy, 1890-1891, publiés dans la *Lorraine-Artiste*.)
60. Picot. — *Pierre Gringore et les comédiens italiens*. Paris, 1878.
61. *Polybiblion* (1878). Partie littéraire, tome XXII.
62. De Puymaigre. — *Poètes et romanciers de la Lorraine*, 1848.
63. *Revue des Sociétés savantes*, 1868 (4e série, tome VIII).
64. *Revue rétrospective*, 1830, tome XVII.

65. Rue (P. de la). — *Essais historiques sur les trouvères normands* : les Bardes, 1834.
66. *Tableau historique et critique de la poésie française et du théâtre français au XVIIe siècle.*
67. Sauval. — *Histoire des Antiquités de Paris*, 1733, tome III.
68. Stecher. — *La Sottie française et la Sotternie flamande*, 1877.
69. Vapereau. — *Dictionnaire universel des Littérateurs*, 1876.
70. Varillas. — *Histoire de Louis XII*. Paris, 1688, 3 vol. in-4°.
71. Villemin. — *Etude sur le Mystère de Saint Louis* (dans le *Journal des Savants*, 1838).
72. Volcyr. — *La guerre des Rustauds* (publié dans les *Documents lorrains*, 1856).
73. Weiss. — *Biographie universelle.*

V

Légendes du pays de Saint-Nicolas.

Les soirs d'hiver, dans nos campagnes lorraines, alors que la neige couvre la terre et que le vent souffle à travers les grands arbres, des légendes, vieilles de plusieurs siècles, courent encore dans les veillées. Combien aujourd'hui je regrette ma bonne vieille bisaïeule, véritable légendaire vivant, dont les curieuses histoires m'ont bercé tout jeunet, histoires, hélas ! que j'ai presque toutes oubliées.

C'étaient la délivrance du bon sire de Réchicourt en l'année 1240, Albert de Varangéville et son cousin, allant au tombeau de Bari en 1090, l'arrivée du sire de Joinville, les pieds déchaux, avec la nef d'argent de saint Louis, le miracle de saint Gorgon à Varangéville, les trois enfants égorgés par le boucher et jetés au saloir — on m'assurait que le saloir était encore conservé dans une cave où l'on mettait les enfants pas sages ; — puis, j'ai une souvenance très vague de l'ermite de la Madeleine qui tuait les passants, du bourreau de la Roque, des sorcières, des revenants et des fées, des mystérieux souterrains de Saint-Nicolas, du ruisseau des Merles et de la ruelle du petit bon Dieu. C'étaient des histoires à n'en plus finir, des chevauchées de pèlerins, des rois, des ducs et des duchesses, venant voir le grand saint Nicolas, des reines chassées d'Angleterre, des Guise tout meurtris dans les combats et venant fonder des obits ; des René II tour à tour exilé et triomphant, des Louis XI et des Richelieu, des Anne d'Autriche et des Napoléon, des princes et des manants, des rouges cardinaux et des enfilées de moines à toutes sortes de bariolés capuchons.

En quels livres ma bisaïeule presque centenaire avait-elle donc appris tout cela ? En aucun livre, mais dans les souvenirs du pays, auprès de ses anciens, les vieux bourgeois de Port, qui l'avaient eux-mêmes retenu des précédentes générations, lorsque Simon Moycet bâtissait sa merveilleuse basilique. Et toutes ces choses extraordinaires sont à peu près oubliées; des bribes courent, mutilées, dans les campagnes du Vermois, sans plus de saveur ni de naïveté, pareilles à ces pauvres fées bienfaisantes qu'on a chassées de partout, et que le voyageur ami voudrait rencontrer encore. Mais il n'entend plus qu'un écho bien lointain, il ne voit plus que des formes bien vagues et qui se perdent, impalpables, dans notre sceptique atmosphère ou nos forêts délabrées.

Je ne saurais pourtant omettre ici cette naïve complainte des trois enfants de saint Nicolas, telle d'abord que nous la chantions au soir du 5 décembre, puis telle que la disent encore peut-être de toutes vieilles et branlantes mères-grands au fond d'un isolé village de Lorraine.

Les trois enfants de Saint Nicolas

Refrain :   Il était trois petits enfants
            Qui s'en allaient glaner aux champs.

            S'en vont un soir chez un boucher.
           — Boucher, voudrais-tu nous loger ?
           — Entrez, entrez, petits enfants,
           Y a d'la place assurément !

Ils n'étaient pas sitôt entrés,
Que le boucher les a tués,
Les a coupés en p'tits morceaux,
Mis au saloir comme des pourceaux.

Saint Nicolas, au bout de sept ans,
Vint à passer devant ce champ,
Il s'en alla chez le boucher :
Boucher, voudrais-tu me loger ?

— Entrez, entrez, Saint Nicolas,
Y a d'la place, n'en manque pas.
Il n'était pas sitôt entré,
Qu'il a demandé à soupé.

— Voulez-vous un morceau de veau ?
— Je n'en veux pas, il n'est pas beau !
— Voulez-vous un morceau d'jambon ?
— Je n'en veux pas, il n'est pas bon !

— Du p'tit salé je veux avoir
Qu'y a sept ans qu'est dans l'saloir !
Dès que l'boucher entendit ça,
Hors de sa porte il s'enfuya !

— Boucher, boucher, ne t'enfuis pas,
Repens-toi, Dieu te pardonnera !
Saint Nicolas alla s'asseoir,
Dessus les bords de ce saloir.

— Petits enfants, qui dormez là,
Je suis le grand Saint Nicolas.
Et le saint étendit trois doigts,
Les p'tits se r'lèvent tous les trois.

Le premier dit : « J'ai bien dormi ! »
— « Et moi, dit le second, aussi ! »
— Et le troisième répondit :
« Je croyais être en Paradis. »

Il était trois petits enfants
Qui s'en allaient glaner aux champs.

LES TROIS ENFANTS DE SAINT NICOLAS

« Sinite parvulos... »

OR, voici la légende de saint Nicolas, telle encore qu'en maint village de notre Lorraine, les bonnes vieilles grands-mamans la racontent aux petits enfants, à l'heure du soir où tinte l'*Angelus*, quand on prépare dans la cheminée noire les sabots rouges et les bottes de foin pour la nocturne visite du bon saint Nicolas et de l'âne son fidèle compagnon.

Ne craignez pas, petits enfants, voici le grand saint Nicolas qui passe ! . . . .
. . . .

> Il était trois petits enfants,
> Qui s'en allaient glaner aux champs.

Or, il advint qu'un jour, et c'était au mois d'août, la pauvre veuve Agnès dit à ses petits enfants :

— Pierre, Paul et Jean, il faut aller glaner. Nous sommes pauvres, et chez nous le pain manque souvent. Allez, petits, devers la ville de Myre. Pour souper, vous irez chez l'hôtelier du coin, Chrysologue le boucher.

Et la mère les embrasse et les petits s'en vont.

> Il était trois petits enfants,
> Qui s'en allaient glaner aux champs.

Les trois petits cheminent ; ils arrivent dans les champs, se mettent à glaner, et durant tout le jour amassent beaucoup de blé.

— Mais la nuit va venir, dit l'un, prenons notre javelle, et partons vers la ville.

Chez l'hôtelier du coin, ils s'en furent tout droit.
— Boucher, voudrais-tu nous loger ?
— Venez, déposez votre blé ; vous serez satisfaits, mes enfants ; il y a de la place, assurément !

Il était trois petits enfants,
Qui s'en allaient glaner aux champs.

— Femme, tout bas dit le boucher, ferme bien la porte et prends deux grands couteaux.

Cela fait, le boucher prit Pierre et sa femme prit Paul ; ils laissent Jean tout seul qui se met à pleurer.

Et le boucher tue Pierre, et sa femme tue Paul ; ils les coupent en morceaux et les mettent au saloir.

— Viens, Jean, dit ensuite le boucher, tes frères dorment déjà !

Et le pauvre petit fut tué, fut haché, et fut mis au saloir.

Il était trois petits enfants,
Qui s'en allaient glaner aux champs.

Or donc, la pauvre Agnès ne voyait pas revenir ses enfants. Tendre mère, elle s'inquiète, elle chemine vers la cité. Chez l'hôtelier du coin, elle s'en fut aussitôt.

— Boucher, n'aurais-tu point vu mes trois petits ?
— En vérité, femme, je n'ai rien vu !

Et le boucher fermant sa porte, la pauvre Agnès pleura bien fort.

Il etait trois petits enfants,
Qui s'en allaient glaner aux champs.

Dans la belle ville de Myre, était le grand saint Nicolas. Sept ans après ce crime, passant devant ce champ, le bon Dieu, son ami :

— Nicolas, lui dit-il, il y a sept ans, à pareil jour, trois petits enfants furent coupés en morceaux et mis dans un saloir chez l'hôtelier du coin !

Chez le boucher s'en fut saint Nicolas.
— Boucher, voudrais-tu me loger ?

— Entrez, entrez, Monsieur saint Nicolas, il y a de la place, il n'en manque pas.

*Il était trois petits enfants,
Qui s'en allaient glaner aux champs.*

Dans la maison entra saint Nicolas. L'évêque avait grand'faim ; il demande à souper :
  Du p'tit salé je veux avoir ; voici tantôt sept ans qu'il est dans le saloir.
Le boucher se troubla, sa femme pleura, ils voulurent s'enfuir, laissant saint Nicolas.
Mais le grand saint fermant la porte :
— Je sais tout ; priez et Dieu vous pardonnera !

*Il était trois petits enfants,
Qui s'en allaient glaner aux champs.*

Alors saint Nicolas s'en vint près du saloir. Il vit les corps hachés et les petits sans vie. Et le grand saint pleura, puis il pria :
— Tu sais, mon Dieu, quand tu vins sur la terre, tu aimais ces petits ; moi, ton ami, je les aime aussi, exauce ma prière.
Et le grand saint Nicolas, par devers le saloir, étendit ses trois doigts, et les petits enfants de se lever pleins de vie.

*Il était trois petits enfants,
Qui s'en allaient glaner aux champs.*

Le premier dit :
— J'ai bien dormi !
— Et moi, dit le second, aussi !
Et le troisième répondit :
— Qu'il était beau, le Paradis !
Et le petit Jean, parlant pour les trois :
— O grand saint Nicolas, qu'il faisait bon dormir ! De Jésus, de sa Mère, nous étions les amis ! Mais le bon Dieu nous dit : « Mes chers petits, retournez sur la terre, retrouver votre mère, vous reviendrez au ciel avec saint Nicolas.

*Il était trois petits enfants,
Qui s'en allaient glaner aux champs.*

Voici ce qu'enfin chantaient les bandes de pèlerins qui s'en venaient de pied au sanctuaire de Saint-Nicolas. Ces poésies sont de 1629, œuvres sans doute du P. Gody.

> Vous qui faites le voyage
> Au bourg de Saint-Nicolas,
> Venez en bon équipage
> Avec un allègre pas,
> Pour avoir un bon abord
> Dans le beau séjour du Port.
>
> A ce saint pèlerinage
> Je vois les gros Allemands
> Ecorchant notre langage,
> Notre patron réclamant,
> Et qui, leurs vœux étant faits,
> Se chargent de chapelets.
>
> Aussi la troupe joyeuse
> Vient de la Franche-Comté,
> Qui la bouteille vineuse
> Fait branler à son côté,
> Estimant que le bon vin
> Peut aplanir tout chemin.
>
> D'autre part aussi déloge
> De ses côteaux porte-pins
> Mainte peuplade de Vosge,
> Foulant les poudreux chemins.
> Qui s'en revont satisfaits
> Parés d'enroués cornets.
>
> Aussi d'autres lieux sans cesse
> Vient le peuple voyageant ;
> Mais d'un esprit d'allégresse
> Pas un ne vient sans argent.
> Toujours trotte des derniers
> Qui a le moins de deniers.
>
> Venez troupe voyagère,
> Venez tout joyeusement ;
> Si votre bourse est légère
> Ne doutez aucunement.
> A Saint-Nicolas de Port
> Le riche et le pauvre a l'apport.

De la très célèbre et insigne église de Saint-Nicolas de Port

Temple dont le beau nom, auguste en sainteté
Sur le char de l'honneur au monde se promène,
Qui pourrait dignement déduire ta beauté
Et ta gloire chanter d'une assez riche veine ?

Jusques dans les nüaux tu lèves tes deux tours
D'une égale hauteur par dessus ta façade,
D'où l'on hume déjà des éthérés séjours
L'air moins matériel, comme on se persuade.

Double tour d'où Nancy se présente aux regards,
Tour qui aux voyageurs de loin donne l'adresse,
Tour, la butte des vents, le donjon des brouillards.
Et d'un noir escadron d'oiseaux la forteresse !

Tour faite d'un bel air jusqu'au couronnement,
Qui portes la rondeur de deux sphères plombées (1) ;
Tour qui levant au ciel le front solidement
Des orages ne crains les ronflantes bouffées !

Récemment toutefois ces fiers mutinés vents
Démêlant sur la nef leurs insolentes noises,
Firent un grand dégât, presque la décoiffant
Et brisant furieux ses craquantes ardoises.

Au reste ta hauteur, ô non pareil vaisseau,
Avec proportion tout autre temple passe.
Ton jour et ta clarté sans égal et font beau,
Et démentent sur toi le nom de lourde masse.

Tout est mignard en toi ; deux piliers d'un bel art
De cent pieds de hauteur ton double croison portent
Qui une ample clarté donne de part en part,
Dont mille étonnements tous les voyants transportent.

---

(1) Ce vers semble indiquer que jamais les tours de Saint-Nicolas n'ont eu de couronne ajourée à leur sommet comme Toul et notre moderne Saint-Pierre de Nancy, cette belle église gothique que décore avec tant de goût M. le chanoine Dufour.

Là se montre ce bras, qui fait de lames d'or,
Couvertes de joyaux avec belle industrie,
Enferme dedans soi du pays le trésor,
Ce doigt de Nicolas, tuteur de l'Austrasie.

Temple heureux mille fois ! mille fois de ton nom
Non seulement le temps, mais l'éternité même
Entonnera l'honneur, puisque le saint renom
Ne mourra point jamais de Nicolas qui t'aime.

LE BUSTE DE GRINGOIRE

Nous avions pensé reproduire ici en phototypie le buste de Gringoire, habilement ciselé par E. Bussière. Mais nous avons dû reculer devant cette nouvelle dépense, en présence du prix exorbitant qui nous était demandé à Nancy.

D'une critique artistique de ce chef-d'œuvre qui nous est adressée par un jeune publiciste de grand talent, lorrain d'origine, et habitant Toulouse, nous extrayons ces lignes :

« Chaque trait de cette physionomie absolument personnelle nécessiterait un chapitre de psychologie. C'est vraiment Gringoire, tout Gringoire, rien que Gringoire, mais notre Gringoire, le Gringoire que j'imaginais, aux rides sceptiques et railleuses, bien que d'apparence froide et lassé de tout. La face anguleuse et fouillée est bien celle des désabusés, l'œil est irrésistiblement pénétrant. Sous ce front pensif sans rêverie semble vivre et travailler un esprit analyste et traducteur, toujours à la recherche du connu et de l'inconnu, du cœur humain et de ses éternelles feintises. On voit, on sent que ce bronze reproduit une vie et déchiffre un type original. C'est à la fois Gringoire analyste, comédien, poète et philosophe. Bussière a vraiment compris son sujet, il a sculpté non une physionomie, mais une âme. »

ERRATA

Au lieu de :	Il faut lire :
Pages 9. Monsieur *Saint-Nicolas*.	Monsieur *Sainct Nicolas*.
— 22. veuve de *Louis XI*.	veuve de *Charles VIII*.
— 26. existait dans *le* grande salle.	dans *la* grande salle.
— 29. les Sots ne *réprésentaient*.	les Sots ne *représentaient*.
— 31. Le voilà donc entré *dons* cette	donc entré *dans* cette...
— 52. pour *asssister* à ce Jeu	pour *assister* à ce Jeu.
— 56. récemment *étudies*.	récemment *étudiés*.
— 58. donner paix à ses *supports*.	à ses *suppôts*.
— 62. ce *pontifie*.	ce *pontife*.

TABLE DES MATIÈRES

	Pages.
Dédicace	II
Préface	1
Chapitre I. — Jeunesse de Gringoire au pays lorrain	7
Chapitre II. — Gringoire à Paris. Ses premières producductions	21
Chapitre III. — Gringoire poète dramatique et satirique	39
Chapitre IV. — Gringoire auteur et entrepreneur de mystères	69
Chapitre V. — Gringoire poète mystique	91
Chapitre VI. — Gringoire héraut d'armes du duc de de Lorraine	103
Gringoire et la Postérité	129

NOTES

1. Lieu de naissance de Gringoire 135
2. Chronologie de Gringoire 140
3. Ouvrages de Gringoire 142
4. Ouvrages consultés sur Gringoire 145
5. Légendes du pays de Saint-Nicolas 148

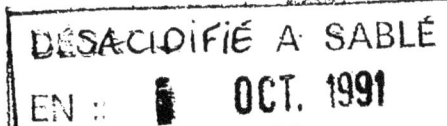

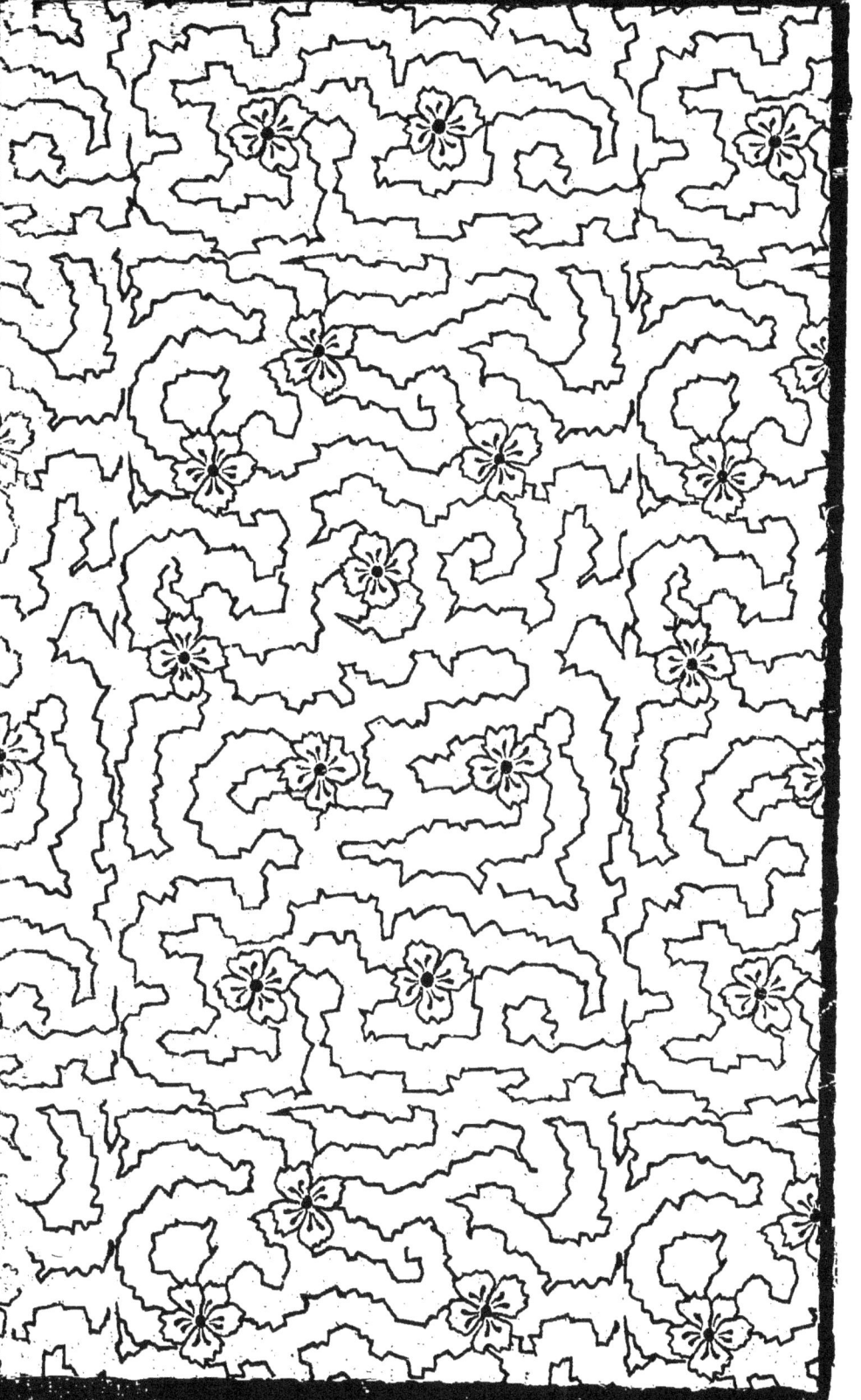

www.ingramcontent.com/pod-product-compliance
Lightning Source LLC
Chambersburg PA
CBHW060528090426
42735CB00011B/2421